DOCÊNCIA em FORMAÇÃO
Ensino Médio

Coordenação:
Selma Garrido Pimenta

© 2016 by Ligia Paula Couto

© Direitos de publicação
CORTEZ EDITORA
Rua Monte Alegre, 1074 – Perdizes
05014-001 – São Paulo – SP
Tel.: (11) 3864-0111 Fax: (11) 3864-4290
cortez@cortezeditora.com.br
www.cortezeditora.com.br

Direção
José Xavier Cortez

Editor
Amir Piedade

Preparação
Alessandra Biral

Revisão
Alexandre Ricardo da Cunha
Gabriel Maretti
Rodrigo da Silva Lima

Edição de Arte
Mauricio Rindeika Seolin

Impressão
Gráfica Paym

Dados Internacionais de Catalogação na Publicação (CIP)
(Câmara Brasileira do Livro, SP, Brasil)

Couto, Ligia Paula
  Didática da Língua Espanhola no Ensino Médio / Ligia Paula Couto; colaboração de Aparecida de Jesus Ferreira... [et al.]. – 1. ed. – São Paulo: Cortez, 2016. – (Docência em Formação: Ensino Médio / coordenação Selma Garrido Pimenta)

  Outros colaboradores: Daniela Terezinha Esteche Maciel, Gabriela Beatriz Moura Ferro Bandeira de Souza, Graziela Borsato, Ione da Silva Jovino

  ISBN 978-85-249-2498-9

  1. Espanhol (Ensino Médio) 2. Espanhol – Estudo e ensino 3. Prática de ensino 4. Professores – Formação profissional I. Ferreira, Aparecida de Jesus. II. Maciel, Daniela Terezinha Esteche. III. Souza, Gabriela Beatriz Moura Ferro Bandeira de. IV. Borsato, Graziela. V. Jovino, Ione da Silva. VI. Pimenta, Selma Garrido. VII. Título. VIII. Série.

16-06436   CDD-370.71

Índices para catálogo sistemático:
1. Professores de Espanhol: Formação profissional: Educação 370.71

Impresso no Brasil – agosto de 2016

Ligia Paula Couto

Didática da Língua Espanhola no Ensino Médio

Colaboração de:
Aparecida de Jesus Ferreira
Daniela Terezinha Esteche Maciel
Gabriela Beatriz Moura Ferro Bandeira de Souza
Graziela Borsato
Ione da Silva Jovino

1ª edição
2016

*À Maitê que, em seu primeiro ano de vida,
dividiu a mãe com a obra.
Ao Marco que, ao meu lado,
vai construindo muitas possibilidades de ler,
escrever e viver o mundo.
A meus pais, que sempre se orgulharam
em dizer que a filha é professora.*

Agradecimentos

Iniciar minha carreira universitária como professora no curso de Letras Português/Espanhol da Universidade Estadual de Ponta Grossa (UEPG), no Paraná, me possibilitou uma série de experiências, vivências e construção de conhecimentos relacionados à docência em Língua Espanhola e formação de professores de Espanhol, principalmente porque leciono a disciplina de Estágio em Língua Espanhola desde 2008.

Foi por meio do desenvolvimento dessa disciplina e de minha atuação no curso de Letras Português/Espanhol que conheci algumas pessoas essenciais para a confecção desta obra.

Dedico o primeiro agradecimento à professora Ione da Silva Jovino, que vem dividindo projetos de extensão e ensino comigo desde 2009 e compartilhando seus saberes e conhecimentos sobre questões etnicorraciais, africanidades e lutando por um contexto universitário com mais equidade.

É por causa de Ione, certamente, que trago discussões em tons mais interculturais para a formação de professores de Espanhol.

Na UEPG, ainda, há colegas de curso que se dedicam à formação de professores de línguas e literaturas e defendem a valorização do professor de Português e de línguas estrangeiras, e com as quais me identifico muito. São elas: Aparecida de Jesus Ferreira, Djane Antonucci Correa, Eliane Santos Raupp, Letícia Fraga, Lucimar Araújo Braga, Rosana Apolonia Harmuch, Rosangela Schardong e Thaísa de Andrade Jamoussi. O trabalho de vocês (no ensino, na extensão e na pesquisa) contribuiu para as reflexões e discussões presentes nesta obra.

As docentes que colaboraram com a elaboração dos capítulos tornaram esta obra possível. Cada uma delas, a seu modo, revelou pontos fundamentais para o ensino de Espanhol no Nível Médio. A única colaboradora que não está ligada à UEPG é Gabriela. Para ela, fica um agradecimento especial pelos anos de amizade (desde os tempos da graduação) e pelo empenho em continuar sendo professora e pesquisadora na área de Língua Espanhola e de literaturas de Língua Espanhola, apesar das políticas linguísticas forçarem o contrário. As literaturas de Língua Espanhola, tão variadas e tão ricas, não poderiam ficar de fora deste livro.

Sumário

Aos professores 9

Apresentação da coleção 11

Introdução 19

1ª Parte 30

Capítulo I   Princípios pedagógicos e didáticos para o ensino da Língua Espanhola: um olhar crítico para os métodos e as abordagens 31
        1. As aulas de Ensino de Língua Espanhola: sete princípios pedagógico-didáticos 42

Capítulo II   A Língua Espanhola no Ensino Médio brasileiro 45

Capítulo III   Aspectos culturais como conteúdo nas aulas de LE 54

2ª Parte 64

Capítulo I   Poderão os gêneros discursivos invadir nossas aulas? Vantagens dessa perspectiva para os processos de ensino-aprendizagem 65

Capítulo II   De que Espanhol estamos falando? Identidades e culturas nas aulas de Língua Espanhola 81

Capítulo III	De que modo introduzir a Literatura nas aulas de Língua Espanhola no Ensino Médio?	92
Capítulo IV	As habilidades de falar, escrever, ler e ouvir: o que há de novo para se falar sobre elas?	116
Capítulo V	Onde fica a gramática quando apostamos na perspectiva dos gêneros discursivos?	123
Capítulo VI	Como se dá o processo de avaliação quando traçamos caminhos inovadores para nossas aulas?	136
Capítulo VII	O estágio curricular supervisionado como um dos espaços de aprendizagem teórico/prática na licenciatura	143
Referências		159

*"Não tenho um caminho novo.
O que eu tenho de novo é um jeito de caminhar".*

Thiago de Mello (1926-), poeta e tradutor brasileiro

AOS PROFESSORES

A **Cortez Editora** tem a satisfação de trazer ao público brasileiro, particularmente aos estudantes e profissionais da área educacional, a **Coleção Docência em Formação**, destinada a subsidiar a formação inicial de professores e a formação contínua daqueles que estão em exercício da docência.

Resultado de reflexões, pesquisas e experiências de vários professores especialistas de todo o Brasil, a Coleção propõe uma integração entre a produção acadêmica e o trabalho nas escolas. Configura um projeto inédito no mercado editorial brasileiro por abarcar a formação de professores para todos os níveis de escolaridade: **Educação Básica** (incluindo a **Educação Infantil**, o **Ensino Fundamental** e o **Ensino Médio**), a **Educação Superior**, a **Educação de Jovens e Adultos** e a **Educação Profissional**. Completa essa formação com os **Saberes Pedagógicos**.

Com mais de 35 anos de experiência e reconhecimento, a Cortez Editora é uma referência no Brasil, nos demais países latino-americanos e em Portugal por causa da coerência de sua linha editorial e da atualidade dos temas que publica, especialmente na área da Educação, entre outras. É com orgulho e satisfação que lança a **Coleção Docência em Formação**, pois estamos convencidos de que se constitui em novo e valioso impulso e colaboração ao pensamento pedagógico e à valorização do trabalho dos professores na direção de uma escola melhor e mais comprometida com a mudança social.

José Xavier Cortez
Editor

Apresentação da coleção

A Coleção **Docência em Formação** tem por objetivo oferecer aos professores em processo de formação e aos que já atuam como profissionais da Educação subsídios formativos que levem em conta as novas diretrizes curriculares, buscando atender, de modo criativo e crítico, às transformações introduzidas no sistema nacional de ensino pela Lei de Diretrizes e Bases da Educação Nacional, de 1996. Sem desconhecer a importância desse documento como referência legal, a proposta desta Coleção identifica seus avanços e seus recuos e assume como compromisso maior buscar uma efetiva interferência na realidade educacional por meio do processo de ensino e de aprendizagem, núcleo básico do trabalho docente. Seu propósito é, pois, fornecer aos docentes e alunos das diversas modalidades dos cursos de formação de professores (licenciaturas) e aos docentes em exercício, livros de referência para sua preparação científica, técnica e pedagógica. Os livros contêm subsídios formativos relacionados ao campo dos saberes pedagógicos, bem como ao campo dos saberes relacionados aos conhecimentos especializados das áreas de formação profissional.

A proposta da Coleção parte de uma concepção orgânica e intencional de educação e de formação de seus profissionais, e com clareza do que se pretende formar para atuar no contexto da sociedade brasileira contemporânea, marcada por determinações históricas específicas.

Como bem mostram estudos e pesquisas recentes na área, os professores são profissionais essenciais nos processos de mudanças das sociedades. Se forem deixados à margem, as decisões pedagógicas e curriculares alheias, por mais interessantes que possam parecer, não se efetivam, não gerando efeitos sobre o social. Por isso, é preciso investir na formação e no desenvolvimento profissional dos professores.

Na sociedade contemporânea, as rápidas transformações no mundo do trabalho, o avanço tecnológico configurando a sociedade virtual e os meios de informação e comunicação incidem com bastante força na escola, aumentando os desafios para torná-la uma conquista democrática efetiva. Transformar as escolas em suas práticas e culturas tradicionais e burocráticas que, por intermédio da retenção e da evasão, acentuam a exclusão social, não é tarefa simples nem para poucos. O desafio é educar as crianças e os jovens propiciando-lhes um desenvolvimento humano, cultural, científico e tecnológico, de modo que adquiram condições para fazer frente às exigências do mundo contemporâneo. Tal objetivo exige esforço constante do coletivo da escola – diretores, professores, funcionários e pais de alunos –, dos sindicatos, dos governantes e de outros grupos sociais organizados.

Não se ignora que esse desafio precisa ser prioritariamente enfrentado no campo das políticas públicas. Todavia, não é menos certo que os professores são profissionais essenciais na construção dessa nova escola. Nas últimas décadas, diferentes países realizaram grandes investimentos na área da formação e desenvolvimento profissional de professores visando essa finalidade. Os professores contribuem com seus saberes, seus valores, suas experiências nessa complexa tarefa de melhorar a qualidade social da escolarização.

Entendendo que a democratização do ensino passa pelos professores, por sua formação, por sua valorização profissional e por suas condições de trabalho, pesquisadores têm apontado para a importância do investimento no seu desenvolvimento profissional, que envolve formação inicial e continuada, articulada a um processo de valorização identitária e profissional dos professores. Identidade que é *epistemológica*, ou seja, que reconhece a docência como um *campo de conhecimentos específicos* configurados em quatro grandes conjuntos, a saber:

1. conteúdos das diversas áreas do saber e do ensino, ou seja, das ciências humanas e naturais, da cultura e das artes;
2. conteúdos didático-pedagógicos, diretamente relacionados ao campo da prática profissional;
3. conteúdos relacionados a saberes pedagógicos mais amplos do campo teórico da educação;
4. conteúdos ligados à explicitação do sentido da existência humana individual, com sensibilidade pessoal e social.

Vale ressaltar que identidade que é *profissional,* ou seja, a docência, constitui um campo específico de intervenção profissional na prática social. E, como tal, ele deve ser valorizado em seus salários e demais condições de exercício nas escolas.

O desenvolvimento profissional dos professores tem se constituído em objetivo de propostas educacionais que valorizam a sua formação não mais fundamentada na racionalidade técnica, que os considera como meros executores de decisões alheias, mas em uma perspectiva que reconhece sua capacidade de decidir. Ao confrontar suas ações cotidianas com as produções teóricas, impõe-se rever suas práticas e as teorias que as informam, pesquisando a prática e produzindo novos conhecimentos para a teoria e a prática de ensinar. Assim, as transformações das práticas docentes só se efetivam à medida que o professor *amplia sua consciência sobre a própria prática*, a de sala de aula e a da escola como um todo, o que pressupõe os conhecimentos teóricos e críticos sobre a realidade. Tais propostas enfatizam que os professores colaboram para transformar as escolas em termos de gestão, currículos, organização, projetos educacionais, formas de trabalho pedagógico. Reformas gestadas nas instituições, sem tomar os professores como parceiros/autores, não transformam a escola na direção da qualidade social. Em consequência, *valorizar o trabalho docente significa dotar os professores de perspectivas de análise que os ajudem a compreender os contextos histórico, sociais, culturais, organizacionais nos quais se dá sua atividade docente.*

Na sociedade brasileira contemporânea, novas exigências estão postas ao trabalho dos professores. No colapso das antigas certezas morais, cobra-se deles que cumpram funções da família e de outras instâncias sociais; que respondam à necessidade de afeto dos alunos; que resolvam os problemas da violência, das drogas e da indisciplina; que preparem melhor os alunos nos conteúdos das matemáticas, das ciências e da tecnologia tendo em vista colocá-los em melhores condições para enfrentarem a competitividade; que restaurem a importância dos conhecimentos na perda de credibilidade das certezas científicas; que sejam os regeneradores das culturas/identidades perdidas com as desigualdades/diferenças culturais; que gestionem as escolas com economia cada vez mais frugal; que trabalhem coletivamente em escolas com horários cada vez mais fragmentados. Em que pese a importância dessas demandas, não se pode exigir que os professores individualmente considerados façam frente a elas. Espera-se, sim, que coletivamente apontem caminhos institucionais ao seu enfrentamento.

É nesse contexto complexo, contraditório, carregado de conflitos de valor e de interpretações, que se faz necessário ressignificar a identidade do professor. O ensino, atividade característica do professor, é uma prática social complexa, carregada de conflitos de valor e que exige opções éticas e políticas. Ser professor requer saberes e conhecimentos científicos, pedagógicos, educacionais, sensibilidade da experiência, indagação teórica e criatividade para fazer frente às situações únicas, ambíguas, incertas, conflitivas e, por vezes, violentas, das situações de ensino, nos contextos escolares e não escolares. É da natureza da atividade docente proceder à mediação reflexiva e crítica entre as transformações sociais concretas e a formação humana dos alunos, questionando os modos de pensar, sentir, agir e de produzir e distribuir conhecimentos na sociedade.

Problematizando e analisando as situações da prática social de ensinar, o professor incorpora o conhecimento elaborado, das ciências, das artes, da filosofia, da pedagogia e das ciências da educação, como ferramentas para a compreensão e proposição do real.

A Coleção investe, pois, na perspectiva que valoriza a capacidade de decidir dos professores. Assim, discutir os temas que perpassam seu cotidiano nas escolas – projeto pedagógico, autonomia, identidade e profissionalidade dos professores, violência, cultura, religiosidade, a importância do conhecimento e da informação na sociedade contemporânea, a ação coletiva e interdisciplinar, as questões de gênero, o papel do sindicato na formação, entre outros –, articulados aos contextos institucionais, às políticas públicas e confrontados com experiências de outros contextos escolares e com as teorias, é o caminho a que a **Coleção Docência em Formação** se propõe.

Os livros que a compõem apresentam um tratamento teórico-metodológico pautado em três premissas: há uma estreita vinculação entre os conteúdos científicos e os pedagógicos; o conhecimento se produz de forma construtiva e existe uma íntima articulação entre teoria e prática.

Assim, de um lado, impõe-se considerar que a atividade profissional de todo professor possui uma natureza pedagógica, isto é, vincula-se a objetivos educativos de formação humana e a processos metodológicos e organizacionais de transmissão e apropriação de saberes e modos de ação. O trabalho docente está impregnado de intencionalidade, pois visa a formação humana por meio de conteúdos e habilidades de pensamento e ação, implicando escolhas, valores, compromissos éticos. O que significa introduzir objetivos explícitos de natureza conceitual, procedimental e valorativa em relação aos conteúdos da matéria que se ensina; transformar o saber científico ou tecnológico em conteúdos formativos; selecionar e organizar conteúdos de acordo com critérios lógicos e psicológicos em função das características dos alunos e das finalidades do ensino; utilizar métodos e procedimentos de ensino específicos inserindo-se em uma estrutura organizacional em que participa das decisões e das ações coletivas. Por isso, para ensinar, o professor necessita de conhecimentos e práticas que ultrapassem o campo de sua especialidade.

De outro ponto de vista, é preciso levar em conta que todo conteúdo de saber é resultado de um processo de construção de conhecimento. Por isso, dominar conhecimentos não se refere apenas à apropriação de dados objetivos pré-elaborados, produtos prontos do saber acumulado. Mais do que dominar os produtos, interessa que os alunos compreendam que estes são resultantes de um processo de investigação humana. Assim, trabalhar o conhecimento no processo formativo dos alunos significa proceder à mediação entre os significados do saber no mundo atual e aqueles dos contextos nos quais foram produzidos. Significa explicitar os nexos entre a atividade de pesquisa e seus resultados, portanto, instrumentalizar os alunos no próprio processo de pesquisar.

Na formação de professores, os currículos devem configurar a pesquisa como *princípio cognitivo*, investigando com os alunos a realidade escolar, desenvolvendo neles essa atitude investigativa em suas atividades profissionais e assim configurando a pesquisa também como *princípio formativo* na docência.

Além disso, é no âmbito do processo educativo que mais íntima se afirma a relação entre a teoria e a prática. Em sua essência, a educação é uma prática, mas uma prática intrinsecamente intencionalizada pela teoria. Decorre dessa condição a atribuição de um lugar central ao estágio, no processo da formação do professor. Entendendo que o estágio é constituinte de todas as disciplinas percorrendo o processo formativo desde seu início, os livros da Coleção sugerem várias modalidades de articulação direta com as escolas e demais instâncias nas quais os professores atuarão, apresentando formas de estudo, análise e problematização dos saberes nelas praticados. O estágio também pode ser realizado como espaço de projetos interdisciplinares, ampliando a compreensão e o conhecimento da realidade profissional de ensinar. As experiências docentes dos alunos que já atuam no magistério, como também daqueles que participam da formação continuada, devem ser valorizadas como referências importantes para serem discutidas e refletidas nas aulas.

Considerando que a relação entre as instituições formadoras e as escolas pode se constituir em espaço de formação contínua para os professores das escolas assim como para os formadores, os livros sugerem a realização de projetos conjuntos entre ambas. Essa relação com o campo profissional poderá propiciar ao aluno em formação oportunidade para rever e aprimorar sua escolha pelo magistério.

Para subsidiar a formação inicial e continuada dos professores onde quer que se realizem: nos cursos de licenciatura, de pedagogia e de pós-graduação, em universidades, faculdades isoladas, centros universitários e Ensino Médio, a Coleção está estruturada nas seguintes séries:

Educação Infantil: profissionais de creche e pré-escola.

Ensino Fundamental: professores do 1º ao 5º ano e do 6º ao 9º ano.

Ensino Médio: professores do Ensino Médio.

Ensino Superior: professores do Ensino Superior.

Educação Profissional: professores do Ensino Médio e Superior Profissional.

Educação de Jovens e Adultos: professores de jovens e adultos em cursos especiais.

Saberes pedagógicos e formação de professores.

Em síntese, a elaboração dos livros da Coleção pauta-se nas seguintes perspectivas: investir no conceito de *desenvolvimento profissional*, superando a visão dicotômica de formação inicial e de formação continuada; investir em sólida formação teórica nos campos que constituem os saberes da docência; considerar a formação voltada para a profissionalidade docente e para a construção da identidade de professor; tomar a pesquisa como componente essencial da/na formação; considerar a prática social concreta da educação como objeto de reflexão/formação ao longo do processo formativo; assumir a visão de totalidade do processo escolar/educacional em sua inserção no contexto sociocultural; valorizar a docência como atividade intelectual, crítica e reflexiva; considerar a ética como fator fundamental na formação e na atuação docente.

Selma Garrido Pimenta
Coordenadora

Introdução

A Língua Espanhola no Brasil vem ganhando um destaque maior na área de ensino de línguas estrangeiras (LEs) desde que o Tratado do Mercosul foi firmado. Naquele momento, muitos centros de idiomas, principalmente privados, implantaram a Língua Espanhola; muitos estudantes interessados no curso de Letras passaram a reconhecer a graduação em Espanhol como uma possibilidade; livros didáticos para o ensino desse idioma foram publicados.

A década de 90 do século XX representou, portanto, uma virada na valorização do ensino de Espanhol no contexto brasileiro. Esse critério de valor se intensificou ainda mais quando, em 2005, foi assinada a Lei n. 11.161/2005 que decretou a obrigatoriedade da Língua Espanhola no currículo do Ensino Médio (EM). Essa Lei motivou, por exemplo, a abertura de vários cursos de graduação em Letras com habilitação em Espanhol e a formação de um contingente razoável de professores desse idioma.

Segundo Juan Rodrigues (2012, p. 368), ainda que seja necessário investir em faculdades e universidades com igual qualidade de formação de professores de Espanhol, houve um aumento significativo no número

> O Mercado Comum do Sul (Mercosul), foi um processo de integração regional iniciado em 26 de março de 1991, com a assinatura do Tratado de Assunção pelos governos da Argentina, do Brasil, do Paraguai e do Uruguai. Os países que compõem esse bloco são o Brasil, o Paraguai, o Uruguai e a Venezuela. Há também os Estados associados: o Chile (desde 1996), o Peru (desde 2003), a Colômbia e o Equador (desde 2004); a Guiana e o Suriname (desde 2013). A Bolívia (Estado associado desde 1996) é, atualmente, Estado em processo de adesão. O Mercosul objetiva, primordialmente, a integração econômica de seus membros.

de cursos, pois "a inicios de los años 90, no había más de 25 carreras universitarias que habilitasen profesores de Español en todo territorio nacional de Brasil. [...] Hoy, son cerca de 300 facultades [...]". Em pesquisa mais recente, Costa Júnior (2015) contabilizou 268 cursos presenciais de Licenciatura em Letras Espanhol ou Espanhol/Português e 167 cursos a distância, considerando as instituições públicas e privadas de Ensino Superior.

Passado já um tempo considerável da promulgação da Lei n. 11.161/2005, torna-se cada vez mais necessário discutir o ensino da Língua Espanhola no contexto do EM brasileiro. Por que há essa necessidade? Primeiramente, porque precisamos aprofundar o debate sobre a implantação da Lei, uma vez que ainda há Estados em que o idioma espanhol está timidamente inserido no currículo do EM. Acreditamos que, à medida que aprofundamos o debate, fortalecemos a área e vislumbramos maneiras de seguir com a luta por um ensino de Espanhol de qualidade em nossas escolas. Em segundo lugar, porque precisamos avaliar que ensino de Espanhol estamos construindo, ou ainda, desejamos construir. Em terceiro lugar, porque precisamos trazer propostas práticas que, embasadas em teorias e questionando e dialogando com estas, esclareçam e exemplifiquem ao professor alguns caminhos possíveis para promover os processos de ensino-aprendizagem. E, por fim, porque precisamos discutir a importância e a função dessa língua estrangeira (LE) no EM.

Além disso, como é recente a valorização do ensino da Língua Espanhola no currículo escolar, ainda que em alguns contextos somente em termos de Lei, há poucas obras publicadas que se dediquem especificamente às questões do idioma espanhol e aos processos de ensino-aprendizagem dessa LE. Sendo assim, esta obra

> O nível da discussão, em alguns Estados brasileiros, ainda está limitado a como podemos implantar o idioma Espanhol na matriz curricular das escolas públicas. Isso significa que, ainda que a Lei n. 11.161/2005 tenha previsto, em seu artigo 1º § 1º, que "O processo de implantação deverá estar concluído no prazo de cinco anos, a partir da implantação desta Lei" (o qual se deu no ano letivo de 2010), a movimentação política na área das LEs foi a de manter o monolinguismo, uma vez que, na maioria dos contextos educacionais, a Língua Inglesa permaneceu na grade, ou seja, a aprovação da referida Lei ainda não trouxe muitas mudanças ao currículo do EM público.

acaba lançando algumas discussões fundamentais para a área: enfim, o que estamos fazendo e podemos fazer para o estabelecimento qualitativo desse idioma no currículo das escolas? E o que seria um ensino de Espanhol de qualidade? De maneira geral, não podemos deixar passar a oportunidade de gerar um debate sobre a implantação dessa LE no currículo do EM e das formas de se garantir movimentos de ensino-aprendizagem efetivos.

As respostas às perguntas elencadas anteriormente serão debatidas ao longo de todo o livro. Para isso, propomos a organização de uma obra que se oriente pelos documentos oficiais (Parâmetros Curriculares Nacionais do Ensino Médio [PCNEM], 2000; Orientações Curriculares para o Ensino Médio [Ocem], 2006) e Resolução n. 2, de 1º de julho de 2015 (Resolução CNE/CP n. 2/2015, a qual define as Diretrizes Curriculares Nacionais para a formação inicial em nível superior [cursos de licenciatura, cursos de formação pedagógica para graduados e cursos de segunda licenciatura] e para a formação continuada) e, ao mesmo tempo, passe às discussões mais recentes na área da Linguística Aplicada para o ensino de LE (políticas linguísticas, conceito de língua, a cultura como conteúdo escolar, entre outros itens) e às leis que abordam a questão da diversidade cultural no ensino (Leis nn. 10.639/2003 e 11.645/2008), uma vez que o estudo de aspectos culturais passou a ser foco e conteúdo nas aulas de LE recentemente.

Para abordar todos esses aspectos, o livro está dividido em duas partes. A 1ª Parte terá um tom mais teórico, com capítulos que objetivarão discutir as teorias, as legislações e os documentos oficiais focando os processos de ensino-aprendizagem de Espanhol.

A 2ª Parte, por sua vez, fará uma aproximação da discussão mais teórica da 1ª Parte com a prática, ou seja, haverá uma retomada de discussões ao longo dos capítulos propostos com sugestão de atividade(s).

Ainda, é importante destacar que este livro foi elaborado, em sua maior parte, por professoras e pesquisadoras da Universidade Estadual de Ponta

Introdução

Grossa, no interior do Paraná; sendo assim, ilustra uma caminhada formativa de professores de Línguas, e mais especificamente de Espanhol, que está sendo desenvolvida nos cursos de Letras da referida universidade desde 2008.

Portanto, a maior parte dos textos está em construção há um tempo considerável e resulta do trabalho de docência, pesquisa e extensão de todas as envolvidas no processo de escrita desta obra. Esperamos, assim, que nossas experiências e nossos estudos sobre a formação inicial e continuada de professores de Espanhol contribuam significativamente para o debate sobre a inserção da Língua Espanhola no EM.

No primeiro capítulo da 1ª Parte, "Princípios pedagógicos e didáticos para o ensino da Língua Espanhola: um olhar crítico para os métodos e as abordagens", trataremos de métodos e abordagens para o ensino de Espanhol, mas principalmente com uma preocupação com princípios pedagógicos e didáticos que conduzam a uma prática docente crítica.

Já o segundo capítulo, "A Língua Espanhola no Ensino Médio brasileiro", escrito em colaboração com Daniela Terezinha Esteche Maciel, tratará do reconhecimento da importância do Espanhol no EM e das concepções de língua que podem acompanhar a valorização deste ensino.

Para fechar a primeira parte, o capítulo "Aspectos culturais como conteúdo nas aulas de LE", escrito em colaboração com Ione da Silva Jovino e Aparecida de Jesus Ferreira, abordará o significado da cultura no ensino de Línguas, especificando o caso do Espanhol. E como tal significado ampliará as possibilidades de trabalho com esta LE no EM, destacando as Leis nn. 10.639/2003 e 11.645/2008 e o conceito de letramento racial crítico.

Na 2ª Parte, o capítulo intitulado "Poderão os gêneros discursivos invadir nossas aulas? Vantagens dessa perspectiva para os processos de ensino-aprendizagem" debaterá a importância de se investir na perspectiva discursiva de língua e no uso de gêneros discursivos nas aulas de Espanhol; para isso, trará uma série de atividades para a exploração do gênero verbete.

Na sequência, o capítulo II, "De que Espanhol estamos falando? Identidades e culturas nas aulas de Língua Espanhola", também contando com a colaboração de Ione da Silva Jovino e Aparecida de Jesus Ferreira, será voltado para a prática do trabalho com os aspectos culturais e questões de identidade na sala de Espanhol do EM.

Como os aspectos culturais também se revelam nas mais variadas manifestações literárias, o capítulo seguinte, "De que modo introduzir a Literatura nas aulas de Língua Espanhola no Ensino Médio?", com a colaboração de Gabriela Beatriz Moura Ferro Bandeira de Souza, aprofundará a discussão sobre as práticas para a introdução de textos literários nas aulas de LE.

O capítulo IV, "As habilidades de falar, escrever, ler e ouvir: o que há de novo para se falar sobre elas?", abordará como as quatro habilidades estão sendo tratadas nos PCNEM e Ocem e como podem ser exploradas para o ensino de gêneros discursivos.

Não podendo deixar de explorar a gramática nas aulas de Espanhol, o capítulo "Onde fica a gramática quando apostamos na perspectiva dos gêneros discursivos?", tendo a colaboração de Graziela Borsato, fará uma retomada dos principais conceitos de gramática na história do ensino de LEs trazendo uma proposta prática quando decidimos lançar uma perspectiva de trabalho com base nos gêneros discursivos.

O penúltimo capítulo, "Como se dá o processo de avaliação quando traçamos caminhos inovadores para nossas aulas?", com a colaboração de Daniela Terezinha Esteche Maciel, discutirá a questão da avaliação quando partimos de uma perspectiva fundamentada nos gêneros discursivos.

Por fim, o capítulo "O estágio curricular supervisionado como um dos espaços de aprendizagem teórico/prática na licenciatura" apresenta um projeto de formação inicial, em parceria com a continuada, para que a proposta de ensino de Língua Espanhola debatida ao longo de todo o livro possa ser efetivada de maneira mais coerente.

Introdução

Ao relacionar a teoria à prática na 1ª e na 2ª Partes deste livro, objetivamos discutir o ensino da Língua Espanhola em uma perspectiva que ressalta a práxis; ou seja, será destacada a importância de uma ação teórica e prática para os processos de ensino-aprendizagem da Língua Espanhola no EM, para que as teorias lidas e discutidas na área de ensino das LEs se ampliem para as salas de aula. Nesse sentido, os professores ganham destaque, uma vez que eles serão os agentes principais para que uma prática fundamentada em teorias e também questionadora de teorias se efetive.

Assim, antes de tratarmos essencialmente a questão da Língua Espanhola no EM, precisamos aprofundar o entendimento do conceito de práxis e ressaltar a importância docente na vivência dessa práxis, pois um professor despreocupado ou desatento da relação teoria e prática pode limitar consideravelmente, ou ainda, impossibilitar todo o debate feito a respeito da promoção dos processos de ensino-aprendizagem de Espanhol.

A práxis é um conceito que possibilita a superação da dicotomia entre teoria e prática. Para discutir tal conceito, nós nos reportamos a Karl Marx e aos estudiosos de sua obra. Primeiramente, é preciso compreender que, ao definir práxis, Marx se referia fundamentalmente à práxis revolucionária. Sobre isso, Vázquez (1977, p. 117) explica:

> *A relação entre teoria e práxis é, para Marx, teórica e prática; prática, na medida em que a teoria, como guia de ação, molda a atividade do homem, particularmente a atividade revolucionária; teórica, na medida em que essa relação é consciente.*

Ainda sobre a práxis revolucionária, ao interpretar os escritos de Marx, Vázquez (1977, p. 170-171) conclui que: "essa práxis revolucionária, [...] não é atividade prática pura, mas, sim, o terreno em que se verifica a unidade do pensamento e da ação".

Quando afirmamos que a prática docente é consciente porque exige uma reflexão crítica anterior ao ato de ensinar, e tal ato passa a ser direcionado, proposital e planejado para atingir determinado objetivo, podemos dizer que a práxis docente é aquela postulada por Marx. Ademais, ao tratar da práxis revolucionária, esse autor ressalta um movimento de transformação do mundo social da mesma forma que um educador, ao reconhecer-se crítico-reflexivo (cf. Pimenta, 2012), destaca o caráter político e transformador de seu trabalho.

A práxis, portanto, almeja o movimento, a transformação e, consequentemente, é dinâmica. Nessa perspectiva, um professor demonstrará práxis docente ao se preocupar com uma reflexão crítica e posicionar-se política e teoricamente diante dela. Tal ação, ao primar pela aproximação da teoria e da prática, potencializa-se em favor da transformação e, com isso, corrobora para a superação da manutenção das coisas como estão e de ações repetitivas. Assim, o profissional passa a ser valorizado para que a práxis nas aulas realmente se efetive. Nesse momento, coloquemos o foco na figura docente e, mais especificamente, naquele que leciona a Língua Espanhola.

O professor de Espanhol, além de estar licenciado para ensinar Língua Espanhola, precisa querer ministrar essa disciplina. Por mais óbvia que possa parecer a afirmação anterior, a discussão a respeito dela é necessária, uma vez que, em muitas universidades e faculdades, o graduando não pode escolher ser professor de Espanhol exclusivamente, pois o currículo é formatado somente com a opção da dupla habilitação; ou seja, o aluno tem de estudar a Língua Portuguesa também, ou ainda, estudar a LE mesmo estando interessado mais especificamente em ser professor de Português.

Faz-se importante esclarecer que não defendemos currículos que foquem somente o estudo da Língua Portuguesa ou de uma LE, uma vez que a obrigatoriedade de o aluno estudar ambas as disciplinas simultaneamente para concluir o curso de Letras com toda a certeza pode apresentar pontos positivos, entre os quais o fato do graduando ter acesso a uma LE e poder atuar em duas disciplinas, aumentando suas chances de empregabilidade. No entanto, essa obrigatoriedade também pode trazer problemas,

> Também não nos opomos a currículos com habilitação única. Cada universidade/faculdade deve analisar qual será a melhor formatação curricular para atender à demanda do contexto em que se insere.

Introdução

dos quais os que mais nos parecem danosos são: a identificação docente com o ensino de uma das línguas exclusivamente e currículos que deveriam abordar muitos pontos importantes, tanto para o ensino da LE quanto da Língua Portuguesa, acabam sendo condensados.

No que se refere especificamente à formação do professor de Língua Espanhola, seria muito grave se esse futuro professor se identificasse mais com o ensino da Língua Portuguesa e se dedicasse menos às disciplinas de Espanhol, ou ainda, não quisesse ser professor de Língua Espanhola. Sabemos que tais decisões são possíveis e é direito de todo graduando que cursa Letras com dupla habilitação tender seus interesses mais para o ensino de uma língua ou de outra; porém, a total negação da identidade de professor de LE precisa ser combatida e vista com cuidado pelos cursos, pois, se o diploma habilita o docente para lecionar duas disciplinas, então esse profissional deve ser bem preparado para essas duas práticas.

Assim, acreditamos que, antes de qualquer coisa, os leitores dessa obra precisam estar atentos ao ensino de Espanhol de modo a defender a qualidade desse ensino e despertar sua identidade docente para essa LE. Vale ressaltar que ensinar Língua Espanhola requer certos conhecimentos teóricos e práticos que são diferentes dos conhecimentos de ensinar a Língua Portuguesa. Ensinar Língua Espanhola também requer atitude política e práxis diferentes de ensinar a Língua Portuguesa. Enfim, ainda que as duas identidades docentes tenham pontos de interseção, ser professor de Português é diferente de ser professor de Espanhol.

Diante das peculiaridades que pode ter a formação de professores de Língua Espanhola, reforçamos a defesa de que, para lecionar Espanhol, torna-se essencial uma identidade docente fundamentada em uma prática crítico-reflexiva focada nas questões dos processos de ensino-aprendizagem dessa LE, ou seja, que busque a "unidade do pensamento e da ação" (Vázquez, 1977, p. 170-171) para a promoção de aulas de Espanhol com qualidade.

Além de buscar unir teoria e prática focando as particularidades de se ensinar tal LE, o que mais marcaria esse processo de ensino com qualidade? Admitimos que a representação de um modelo didático-pedagógico também é um recurso importante na construção de um bom ensino. Por outro lado, posicionar-se criticamente diante dessas representações e ser capaz de transformar a prática a partir desse movimento crítico é uma característica que julgamos essencial para que os professores planejem e executem boas aulas de Espanhol.

Reforçando a perspectiva de que o caráter crítico-reflexivo docente pode garantir aulas de Espanhol de qualidade, concordamos com Libâneo (2005, p. 63) quando ele afirma que essa característica crítico-reflexiva representaria um "fazer e pensar a relação teoria e prática". Nesse esforço crítico-reflexivo, os professores estão imersos em uma realidade social construída, na qual serão agentes preocupados em apreender as contradições. Ao professor crítico-reflexivo, caberá uma compreensão de sua atuação em um contexto amplo para promover práticas emancipatórias e transformadoras da sociedade na qual está inserido, em direção a uma construção de um mundo mais justo e igualitário.

O conceito de professor crítico-reflexivo para o professor de Espanhol terá inúmeras consequências. Uma delas é que, ao fundamentar sua prática docente em tal perspectiva, vai trabalhar sua disciplina questionando as contradições instauradas em nossa sociedade, buscando ampliar a capacidade crítica de seus alunos para tais contradições pautando-se em atitudes transformadoras. Outra consequência é que vai estabelecer uma relação diferente com as teorias da área da educação; elas não formarão um rol de técnicas mecânicas para serem aplicadas em sala de aula, mas possibilitarão uma visão e uma compreensão do contexto com o objetivo de traçar estratégias de atuação, almejando a transformação da realidade, que é mais ampla e mais diversificada.

Apostamos, portanto, na atuação de um docente de Língua Espanhola que conheça teorias de ensino para essa LE e faça uso delas na prática e, ao mesmo tempo, a partir de sua prática seja capaz de rever tais teorias. Obviamente, para transitar nesse movimento dialético entre teoria e prática, o professor terá de conhecer as teorias de ensino e refletir constantemente sobre sua prática. Por isso, afirmamos ser tão importante a perspectiva crítico-reflexiva para a atuação do profissional.

Para concluir, afirmamos que o ensino de Espanhol de qualidade está pautado na atuação de um professor que reconhece sua identidade docente para trabalhar a Língua Espanhola, o que o levará a se firmar em uma práxis crítico-reflexiva em relação aos processos de ensino-aprendizagem específicos desse idioma. Nesse sentido, ele poderá promover aprendizagens que impulsionem o desenvolvimento e permitam novas aprendizagens, sempre com o intuito de colaborar com a constituição do cidadão lúcido, autônomo e crítico, capaz de pensar seu entorno. Além disso, poderá propor e implementar modificações que possam contribuir para fazer dele um espaço físico e social mais acolhedor, em consonância com os valores adotados.

Apesar de reconhecer o papel do professor como fundamental na implantação do Espanhol com qualidade no EM público brasileiro, seria injusto delegar para a figura docente a responsabilidade total por esta empreitada. Sem dúvida, as políticas educacionais para a área de LEs precisam ser revistas, uma vez que insistem em um currículo monolíngue para o trabalho com idiomas (privilegiando, na maioria dos contextos escolares, a Língua Inglesa), assim como as universidades precisam assumir sua parcela de colaboração nos processos formativos (iniciais e continuados) de professores de Espanhol. Tais processos se dariam não somente em termos de conhecimentos específicos com relação à língua, mas também com forte apelo ao reconhecimento da identidade do docente de Língua Espanhola, aos conhecimentos pedagógicos para ensinar essa LE e à atuação política deste docente para problematizar a questão curricular das LEs na escola brasileira, em toda a Educação Básica.

Assim, o que defendemos é que tanto os governos (federal, estaduais e municipais) quanto as universidades se esmerem conjuntamente para uma revisitação das políticas linguísticas e formativas para a área de LEs e, consequentemente, na promoção de uma formação e atuação de professores de Espanhol (e de Línguas no geral) que seja mais coerente em termos teóricos/práticos. Enquanto isso não ocorre ou vai ocorrendo de maneira mais limitada e/ou somente para alguns contextos, esperamos que os professores de Espanhol sigam firmes em sua luta e busquem imprimir à sua docência uma posição crítico-reflexiva que se efetive em um ensino de qualidade.

Este livro, portanto, pretende ser um material de apoio aos docentes (tanto da Educação Básica quanto do Ensino Superior) para pensar, debater e praticar a formação pedagógica de professores e ensino de Espanhol para o Nível Médio.

1ª Parte

*Nesta parte, vamos traçar uma discussão
sobre os princípios pedagógicos e didáticos utilizados
no ensino da Língua Espanhola, objetivando um olhar crítico
para os métodos e as abordagens.
Além disso, abordaremos o contexto da Língua Espanhola
no EM brasileiro e os aspectos culturais
como conteúdo nas aulas de LE.*

I

Princípios pedagógicos e didáticos para o ensino da Língua Espanhola: um olhar crítico para os métodos e as abordagens

Este capítulo se voltará para princípios pedagógicos e didáticos com o objetivo de superar a limitação dos métodos e abordagens para o ensino de LE. Também quer aprofundar o debate no sentido de princípios que possam orientar a prática docente, fazendo que o professor de Espanhol reflita a respeito da importância dos métodos e abordagens, mas, ao mesmo tempo, tenha um posicionamento crítico a respeito deles, uma vez que não podemos afirmar que haja um único método de ensino de LE que seja perfeito e adequado para todos os contextos de aprendizagem.

Para traçar uma criticidade a respeito dos métodos e abordagens, será necessário também discutir a respeito de alguns deles, sobre como ganharam e perderam destaque na área de ensino de LE e sobre como trazem princípios que podem ser recuperados e debatidos para o contexto atual. Nesse sentido, além de abordar a questão da didática para as LEs, este capítulo fará a seleção dos principais métodos e abordagens utilizados no ensino da Língua Espanhola e discutirá a validade deles nos processos de ensino-aprendizagem contemporâneos. Nesse percurso, ainda, ao debater os métodos e abordagens para o ensino de LE, serão explicitadas as discussões apresentadas nos PCNEM (2000) e das Ocem (2006) que abordam tal problemática.

É de conhecimento dos estudiosos da área da didática que, já desde a década de 1980, está sendo feita uma discussão a respeito do reposicionamento dessa disciplina na Educação. Esse repensar e ressignificar leva tal disciplina a mudanças, mas sem perder o foco que é a preocupação com os processos de ensino que resultem em aprendizagem. Entre as mudanças propostas para a didática, vale ressaltar a contribuição de alguns estudiosos:

Franco (2010, p. 84-92) destaca o consenso já atingido para a identidade da didática: "o seu objeto de estudo é o processo de ensino". No entanto, a autora propõe que essa disciplina, para superar seu "caráter aplicacionista", seja concebida como teoria da formação, isto é, à didática caberia o papel de:

> *[...] oferecer subsídios para a formação dos sujeitos implicados na tarefa de ensinar/formar, fundando-se em uma perspectiva crítico-reflexiva que trará possibilidades de reconstruir as condições de trabalho docente* (Franco, 2010, p. 92).

Libâneo (2010, p. 43-71) reconhece que, há quase três décadas, os estudiosos da didática lutam para sustentar a legitimidade epistemológica dessa disciplina e sua importância na formação de professores. No entanto, discute como a "sociologização do pensamento pedagógico" contribuiu para que a didática se distraísse e perdesse seu foco. Para esse estudioso, é fundamental a superação desse problema com a retomada do foco da didática, a qual se daria nos seguintes pontos: "superação de uma didática teoricamente pobre, meramente instrumental, normativa, prescritiva"; preocupação com as relações entre ensino e aprendizagem; tratamento da pesquisa pedagógica nas condições da prática educativa real, ou seja, considerar que "o nuclear da educação, de toda prática educativa, é a formação e o desenvolvimento humano em situações concretas". Ao final de sua argumentação, Libâneo (2010, p. 68) define didática como:

> [...] a sistematização de conhecimentos e práticas referentes aos fundamentos, condições e modos de realização do ensino e da aprendizagem, visando ao desenvolvimento das capacidades mentais e da personalidade dos alunos, em situações histórico-culturais e institucionais concretas.

Pimenta (2010, p. 34-36), por sua vez, firma-se em uma concepção de Pedagogia que reconhece a prática como eixo fundamental. Sendo a didática uma área da Pedagogia, manterá esse eixo, porém o foco recairá sobre o "fenômeno ensino". Para a autora, a ressignificação da didática:

> [...] aponta para um balanço do ensino como prática social, perguntando-se: em que medida os resultados das pesquisas têm propiciado a construção de novos saberes e engendrado novas práticas; superadoras das situações das desigualdades sociais, culturais e humanas produzidas pelo ensino e pela escola? (Pimenta, 2010, p. 36)

Assim, segundo a autora, a didática deve ser uma área de estudo da Pedagogia preocupada com a promoção do "fenômeno educativo de ensinar" na direção da "construção de uma sociedade humana mais justa e igualitária".

Essas três linhas de pensamento se aproximam à medida que determinam o foco da didática nos processos de ensino e, primordialmente, em situações concretas: "o ensino como prática social". Franco, no entanto, parece expandir essa percepção da didática, uma vez que reconhece nessa disciplina uma teoria da formação, a qual auxiliaria o docente a desenvolver uma perspectiva crítico-reflexiva, capacitando-o para reconstruir a sua prática. Pimenta, por outro lado, destaca algo que Franco e Libâneo deixaram um pouco de lado: o caráter transformador que a didática pode ter na direção de uma sociedade mais justa e democrática. Por fim, a visão de Libâneo ganha importância na medida em que ele esclarece como as pesquisas na área da Educação podem retomar o significado e a importância da didática.

Diante do que foi mencionado sobre o reposicionamento da didática na área da Educação, o interesse dessa disciplina para o docente de Língua

Espanhola deverá girar em torno dos processos de ensino para o nível em que essa disciplina esteja implantada na matriz curricular, os quais se dariam em sua aula, como defendem Pimenta *et al.*, "e em contextos sociais mais amplos" também:

> *A compreensão do fenômeno ensino-aprendizagem não se esgota nesse acontecimento, aula. [...] é necessário que se estabeleçam seus vínculos com as decisões curriculares, com os modos como a escola se organiza, sua estrutura administrativa, a legislação, a organização espaço-tempo, as condições físicas e materiais que condicionam as práticas escolares (Pimenta et al., 2010, p. 10).*

Assim, a didática para o ensino de uma LE se amplia para uma série de fatores extra-aula, os quais vão determinar significativamente a forma como o docente poderá propor seus processos de ensino.

No que se refere a métodos e abordagens, afirmamos que há vários deles na área de ensino de LE. Sánchez (2009), por exemplo, chega a listar vinte. É possível concluir que o desenvolvimento da linguística proporcionou uma série de estudos sobre língua e linguagem que influenciaram na organização de novos métodos e abordagens a partir do século XX. Alguns deles, no decorrer da história, se mostraram mais eficazes para os processos de ensino-aprendizagem de idiomas. Destacamos, entre eles, o método audiolingual e a abordagem comunicativa.

O método audiolingual (também conhecido como áudio-oral), criado pela necessidade de aprendizagem rápida de uma LE no período da Segunda Guerra Mundial (1939-1945), firmou-se na Psicologia Behaviorista e na concepção estruturalista de língua.

Quando tratamos da Psicologia Behaviorista na Educação, as teorias comportamentais da aprendizagem embasam a prática docente. Estas partem do pressuposto de que a aprendizagem ocorrerá por meio de estímulos externos e condicionamento. Caso o aluno não demonstre o comportamento adequado para determinado objetivo de aprendizagem, o professor deverá ensiná-lo a partir de reforços (punição ou recompensa).

Nas aulas de LE, esses princípios se apresentarão mais fortemente na realização de exercícios e práticas repetitivas e mecânicas para se alcançar e reforçar os objetivos de aprendizagem.

A concepção estruturalista de língua, por sua vez, foi influenciada principalmente pelos trabalhos de linguistas da escola estruturalista americana. A aula de LE nesse viés, segundo Cesteros (2006), acabou se organizando de tal forma que o aluno aprenderia estruturas (frases) por meio de práticas auditivas antes de vê-las por escrito; a compreensão leitora e a produção escrita somente poderiam ocorrer após a assimilação das estruturas desejadas. No que se refere aos exercícios, o aluno acabará por repetir as frases escutadas trocando algumas palavras do conteúdo original, sempre atentando para atender à correção gramatical.

Entre as técnicas mais comuns no método audiolingual, estavam a memorização de diálogos, exercícios de perguntas e respostas, exercícios de substituição e práticas orientadas de conversação e escrita. Além disso, a pronúncia correta e o domínio da gramática eram muito valorizados desde os níveis iniciais de aprendizagem, uma vez que se acreditava que os erros poderiam se incorporar permanentemente (Richards, 2007).

Assim, fundamentado no behaviorismo e na concepção estrutural de língua, o método audiolingual propôs que, pela repetição de estruturas fixas e ideais, o estudante daria conta de atingir os objetivos de aprendizagem e tornar-se fluente na LE.

A abordagem comunicativa, por sua vez, começou a surgir no final dos anos 1960. Novamente, com as pesquisas na área da Linguística, principalmente nos campos da Sociolinguística, Pragmática e teorias funcionalistas, houve um repensar dos processos de ensino-aprendizagem de Línguas. Esse repensar, segundo Cesteros (2006), tratou de superar a docência com foco no professor (transmissor de informação) e somente em conhecimentos linguísticos (uso correto da língua, com introdução de estruturas gramaticais e lexicais). Nesse contexto, um novo conceito surgiu entre os estudos linguísticos: o conceito de competência comunicativa.

O conceito de competência comunicativa foi, primeiramente, apresentado por Hymes no início dos anos 1970. Esse conceito privilegiava o estudo da língua em uso e como um sistema contextualizado. Para a área de LE, o conceito da competência comunicativa teve vários desdobramentos. Segundo Gargallo (2004), um deles foi proposto por Canale nos anos 1980, para quem a competência comunicativa poderia ser dividida em quatro subcompetências: a gramatical, a sociolinguística, a discursiva e a estratégica.

A subcompetência gramatical representaria o domínio do código linguístico no nível fonético, fonológico, ortográfico, morfossintático, lexical e semântico. A subcompetência sociolinguística seria a habilidade do sujeito de adequar seu discurso aos diversos contextos comunicacionais. A subcompetência discursiva significaria a capacidade do sujeito em produzir discursos coerentes e coesos. Por fim, a subcompetência estratégica marcaria uma compensação do sujeito para as dificuldades apresentadas nos processos comunicativos.

Dessa forma, a abordagem comunicativa chega se contrapondo às concepções estruturalistas de língua e às teorias behavioristas comportamentais de aprendizagem. Nesse viés, tal abordagem destaca o caráter funcional da língua como instrumento de comunicação e seu uso correto não se limita a ter conhecimento do código linguístico. Agora, são exigidos conhecimentos socioculturais, discursivos e estratégicos para se aprender uma LE.

Ao contrário do método audiolingual, que organizou uma ordem de trabalho com as habilidades em sala de aula, a abordagem comunicativa tendeu a ser mais livre. Como afirma Richards (2007), por se firmar em diversas fontes, o ensino comunicativo não apresenta uma maneira única de organizar as práticas docentes.

No entanto, é preciso ressaltar, ainda segundo o autor, que há alguns princípios que são básicos para a aula, entre os quais a interação entre os alunos em práticas significativas de comunicação, o engajamento deles em tarefas e exercícios que propõem a negociação de significados, o uso de várias habilidades pelos alunos nas práticas comunicativas, o encaminhamento indutivo da aprendizagem de modo que eles possam refletir sobre a linguagem e construir as regras, a possibilidade de errar para acertar, ou seja, o equívoco passa a ser considerado parte do processo de ensino-aprendizagem, ou seja, a facilitação dos processos de aprendizagem pelos professores, de modo que os alunos possam praticar e refletir sobre o uso da LE.

Tanto o método audiolingual quanto a abordagem comunicativa já foram alvos de críticas. O método audiolingual, por exemplo, foi criticado por se pautar demasiadamente na repetição como estratégia de aprendizagem e por pouco investir na capacidade criativa do aprendiz. Por deixar de lado a criatividade no momento de aprendizagem da LE, acaba se firmando em conteúdos prefixados e em manuais que já trazem exercícios fechados que não possibilitam muita abertura a mudanças. Por sua vez, a abordagem comunicativa, ainda que represente uma contraposição à perspectiva estrutural de língua, recebeu críticas por ter facilitado a manutenção da Língua Inglesa nos currículos sem problematizar questões relativas à diversidade e pluralidade linguística. Além disso, por focar nas funções e usos da linguagem, acabou promovendo uma visão muito utilitária para os processos de ensino-aprendizagem, sem se preocupar com as variadas vozes e as relações de poder que se apresentam nos discursos. E, por fim, ao tratar de aspectos culturais, tendeu a abordar mais os estereótipos.

Apesar das críticas, o método audiolingual e a abordagem comunicativa continuam presentes no ensino de LE. A abordagem comunicativa, a nosso ver, está mais presente do que o método audiolingual nas práticas docentes em escolas de idiomas. No entanto, se pensarmos em termos de escola pública de maneira mais generalizada, ousamos afirmar que ainda encontramos muitas práticas derivadas do método audiolingual.

Ainda que concordemos com as críticas a ambas as abordagens e admitamos suas limitações, não podemos deixar de valorizar alguns de seus preceitos básicos para os processos de ensino-aprendizagem. Por exemplo, o método audiolingual organizou as práticas de repetição nas aulas de LE e necessitamos reconhecer tais práticas, pois o exercício de estruturas pode ser um recurso para os professores verificarem o nível da aprendizagem de seus alunos, ou ainda, para a fixação de uma regra ou vocabulário específicos. A abordagem comunicativa, por outro lado, destacou a importância da interação, da autonomia e da criação por parte dos alunos nas aulas de idiomas, além de propor conceitos totalmente novos para a compreensão do que seria língua. Nesse sentido, não acreditamos que a eliminação da prática de exercícios para fixação de estruturas seja uma forma de superar o método audiolingual; o problema está em fazer da aula de LE somente repetição de estruturas descontextualizadas, sem que o aluno reflita sobre o que está exercitando. Também não acreditamos que a abolição de práticas de uso cotidiano da linguagem seja a maneira mais correta de combater as fragilidades da abordagem comunicativa; no entanto, torna-se necessário um aprofundamento sobre relações de poder e diferentes vozes que podem compor os mais variados discursos.

Antes de seguirmos com a discussão, é importante ressaltar que, quando a Língua Espanhola começou a ganhar destaque no Brasil e escolas de idiomas passaram a ofertar cursos dessa LE (em meados dos anos 1990), ainda havia muito pouco material didático publicado no País para o ensino deste idioma. Alguns livros didáticos se pautavam no método audiolingual, apesar da abordagem comunicativa já prevalecer no ensino da Língua Inglesa. Foi somente no início dos anos 2000 que houve um *boom* nas publicações de diversos livros didáticos mais pautados na abordagem comunicativa.

Os documentos oficiais para o Nível Médio, PCNEM (2000) e Ocem (2006), por sua vez, não explicitam qual método ou abordagem seria o mais adequado para o ensino das LEs. Os PCNEM (2000), por exemplo, indicam que pensar em competências para o desenvolvimento dos processos de ensino-aprendizagem pode ajudar a superar um grave problema identificado na escola regular, que é o estudo da gramática com mera memorização de regras, privilegiando a habilidade da escrita descontextualizada da realidade. As Ocem (2006, p. 153) deixam claro que não têm caráter dogmático e defendem a "adoção de princípios e pressupostos teóricos mais amplos que conduzam à reflexão e à crítica"; ou seja, os professores têm a liberdade de eleger o método ou a abordagem que melhor conduza seus alunos aos objetivos da aprendizagem. No entanto, é importante que os docentes saibam escolher de maneira crítica e coerente com o contexto de ensino.

No cenário educacional brasileiro, atualmente, os debates sobre os processos de ensino-aprendizagem de LE voltam-se, mais fortemente, para a teoria dos gêneros discursivos e para uma perspectiva intercultural. Ambas as vertentes também se apresentam nos documentos oficiais e não se contrapõem; ao contrário, podem ser exploradas concomitantemente nas aulas de Espanhol. A teoria dos gêneros discursivos não estabelece uma abordagem ou método específico para o ensino de LE. Nessa perspectiva, podemos destacar para a área de ensino de Línguas a importância do texto nas aulas, o conceito de língua em uma perspectiva discursiva/dialógica e uma proposta de elaboração de sequência didática.

O texto, na teoria dos gêneros discursivos, é único, significa e é resultado de um processo criativo que ocorre em determinado momento histórico, social, cultural. Além disso, ele é dialógico, uma vez que estabelece diálogo entre os interlocutores (quem o produz e quem o recebe) e outros textos (Barros, 2005).

O conceito de língua em uma perspectiva discursiva/dialógica amplia a visão de que língua é estrutura e que serve à comunicação meramente. Nessa perspectiva, é necessária uma interação entre interlocutores para fundar a linguagem. O texto vai ter sentido à medida que houver relação entre os sujeitos, a qual ocorrerá tanto no momento da produção quanto da interpretação textual (Barros, 2005). Além disso, a construção textual revela as vozes dos sujeitos que a produziram e relações de poder imbricadas na linguagem. Assim, nenhum texto é neutro.

É importante ressaltar que a relação entre os sujeitos por meio de textos os constituirá, incidirá diretamente nos processos de constituição das identidades. Essa construção identitária modifica o sujeito, e este, por sua vez, tem a possibilidade de transformar o seu entorno, a sociedade, em um movimento dialético.

Segundo Schneuwly, Dolz e Noverraz (2004), a sequência didática (SD) acaba sendo um procedimento didático (não é método nem abordagem) que objetiva levar a teoria dos gêneros discursivos para a sala de aula. A SD possui passos, mas, mais importante do que estes, é a orientação discursiva/dialógica de língua que acarretará em uma compreensão de que "os gêneros discursivos são formas comunicativas que não são adquiridas em manuais, mas sim nos processos interativos" (Machado, 2010, p. 157). Ou seja, a SD será um caminho didático que permitirá a interação entre os sujeitos (professor e todos os seus alunos) na aula de LE, de modo a superar o trabalho com textos não autênticos, a visão de que os professores são o foco de transmissão de conhecimentos, de que os alunos não são capazes de produzir/criar textos na LE e do conceito de língua somente como sinônimo de estrutura ou comunicação.

O primeiro passo da SD é a apresentação de uma situação, a qual deve revelar a importância de produção de certo gênero discursivo. Identificada essa importância, se iniciaria o trabalho em sala de produzir o gênero (oral ou escrito). Com essa produção inicial, que seria o segundo passo da SD, os docentes acessariam o conhecimento prévio de seus alunos sobre a constituição do gênero e organizariam a próxima etapa da SD. A terceira fase, então, seriam os módulos, para se "trabalhar os problemas que apareceram na primeira produção e dar aos alunos os instrumentos necessários para superá-los" (Dolz; Noverraz; Schneuwly, 2004, p. 87).

A quarta e última parte da SD seria a produção escrita do gênero em foco, visando um processo de reescrita da produção inicial. Nessa criação final, estaria prevista a circulação do gênero produzido em aula, o que levaria os professores a proporem constantemente outras formas de divulgar e publicar as produções de sua turma.

Em relação à perspectiva intercultural, como bem nos explica Paraquett (2010, p. 140), há um acréscimo de "interesse pela compreensão da cultura e seus derivados (multiculturalismo e interculturalismo)", o que seria uma "consequência natural do processo migratório cada vez mais intenso entre diferentes populações". Ou seja, nosso momento histórico é propício para discussão de questões relacionadas à cultura e, principalmente, ao choque e convivência de culturas distintas.

Esse interesse por um enfoque mais intercultural não se limita às aulas de LE. Candau (2009), ao apresentar e analisar questões contemporâneas para a área da didática, reforça o caráter multi/intercultural da sala de aula. Ainda que refletindo sobre o contexto do Ensino Superior, podemos resgatar o que a estudiosa constatou para o ensino de maneira generalizada. Segundo ela, o ato de considerar a sala de aula como espaço multi/intercultural possibilitará que os envolvidos nos processos de ensino-aprendizagem possam se expressar e trazer seus mais diversos saberes para uma construção conjunta de conhecimentos. Além disso, a expressão dos discentes, nesse espaço dialógico que se tornará a aula, será um catalisador para a constituição das identidades.

Imaginemos o que significa reconhecer, compreender e explorar esse enfoque intercultural nas aulas de Espanhol, idioma falado em mais de vinte países! Além da contribuição que cada um dos alunos pode oferecer aos processos de ensino-aprendizagem, temos as expressões culturais dessas diversas nações que poderão se tornar conteúdos a serem estudados, uma vez que concebemos que língua e cultura não se separam.

Paraquett (2010), apoiada em García Martínez *et al.* (2007), vem esclarecer ainda mais o conceito de interculturalidade e sua relação com as aulas de Espanhol. Assim como Candau (2009), ela destaca o caráter dialógico de tal conceito, uma vez que o prefixo "inter" representaria "a integração, o encontro, o diálogo" (Paraquett, 2010, p. 146). Essa integração, encontro e diálogo com as mais variadas culturas estrangeiras objetivaria uma formação de alunos e professores para o reconhecimento das diferenças, desenvolvimento de valores democráticos e responsabilidade ética e política. Essa formação, portanto, caminharia na direção de superação de preconceitos e estereótipos relacionados às culturas dos países falantes de Espanhol. Ainda, segundo Paraquett (2010, p. 143), esse trabalho com as culturas estrangeiras seria uma forma de o estudante refletir sobre cultura de maneira geral e "intensificar o seu processo de pertencimento cultural ao ambiente no qual vive".

Portanto, o enfoque intercultural seria um movimento de valorizar a cultura no ensino de Línguas, considerando que língua e cultura não se separam, de modo a promover diálogo, interação e integração com o diferente, o outro, o estrangeiro. E essa aula intercultural, ao mesmo tempo que abre possibilidades de visão e compreensão desse outro (que pode ser diferente, mas também pode não ser tão diferente assim), permite que os envolvidos nos processos de ensino-aprendizagem se voltem a si mesmos e reflitam sobre as próprias culturas.

A partir do que foi apresentado anteriormente para as aulas de EM, defendemos algumas possibilidades de trabalho, as quais estamos cientes de que poderão variar de acordo com a realidade escolar.

1. As aulas de Ensino de Língua Espanhola: sete princípios pedagógico-didáticos

Vale citar que, ainda que consideremos as variações e as adequações nos processos de ensino-aprendizagem, determinados princípios didáticos para as aulas de Língua Espanhola nos parecem fundamentais para estabelecer um ensino de qualidade. A seguir, vamos relacionar alguns desses princípios; no entanto, a ordem em que eles aparecem não lhes confere menor ou maior importância, pois todos são significativos na mesma medida.

O primeiro deles é que a aula de Espanhol pode sim ser totalmente ministrada na LE. Considerando a teoria dos gêneros discursivos, a aula em si representa um gênero e é caldo essencial para a interação com os alunos. Assim, se tal interação for, em sua maior parte, realizada na Língua Espanhola, o aluno entrará em contato com estruturas gramaticais e lexicais, expressões idiomáticas, com aspectos da pronúncia do idioma espanhol, entre outros exemplos, além de ser uma forma de exercitar a compreensão auditiva. Ademais, se o aluno tem aulas no referido idioma, poderá estar mais motivado e confortável para falar a LE em sala de aula e, quando necessário, fora dela também.

O segundo ponto é que o aluno precisa construir conhecimento a partir de interações com os textos (diversos gêneros discursivos) propostos por seus professores e de suas produções textuais. O texto torna-se, dessa forma, o gerador, o causador, a mola propulsora dos processos de ensino-aprendizagem nas aulas de LE.

O terceiro aspecto é que o conhecimento construído precisa circular na escola ou em outros meios. A propriedade de circulação do texto é uma das formas de o sujeito que o produziu agir no mundo e também ter sua escrita valorizada.

O quarto princípio é que a concepção de língua precisa superar a visão meramente estrutural ou comunicativa. É urgente que as aulas de Espanhol caminhem em direção à perspectiva discursiva/dialógica, proporcionando aos processos de ensino-aprendizagem uma visão mais crítica de língua, em que os sujeitos tenham a oportunidade de interagir e se constituir por meio de textos, os quais não são neutros, sendo determinados pelo contexto histórico, social, cultural, entre outros. Além disso, é importante que, nos momentos de compreensão leitora/auditiva e produção escrita/oral, os alunos percebam as vozes que permeiam a construção textual e das relações de poder implícitas e/ou explícitas nos discursos e consigam estabelecer uma criticidade com respeito a essa questão.

O quinto ponto é que alunos precisam exercitar criticamente o que aprenderam, superando a concepção de que para aprender uma LE é necessário somente repetir e memorizar. O exercício é fundamental para os processos de ensino-aprendizagem de Espanhol; no entanto, trata-se de exercícios que possibilitem aos alunos uma prática mais significativa, contextualizada e refletida sobre o uso do idioma. Mais adiante, em outros capítulos, discutiremos as quatro habilidades e o trabalho com os gêneros discursivos, o que poderá tornar mais claro o que acabamos de afirmar.

O sexto aspecto é que língua e cultura estão conectadas, não podendo ser dissociadas. Sendo assim, o ensino da Língua Espanhola será tomado por questões de ordem cultural na perspectiva intercultural, ou seja, o aluno brasileiro terá a oportunidade de tratar de seus aportes culturais na medida em que é tomado pelas culturas que compõem os mais de vinte países que falam Espanhol. Essa interação e o diálogo entre culturas visa superar preconceitos e estereótipos, tanto sobre o brasileiro quanto sobre o estrangeiro.

Por fim, o sétimo ponto é que é necessário valorizar toda a amplidão de variedades que compõem a Língua Espanhola e trazer esta variedade para a sala de aula. Nos livros didáticos, muitas vezes, encontramos essa variedade mais focada em termos lexicais. No entanto, sabemos que a variação linguística não se restringe a explicitar que certa fruta é dita de tal forma na Colômbia e de outra forma no Peru. O uso do "vos", na região do Rio da Prata, por exemplo, por mais comum que seja no falar cotidiano da Língua Espanhola em países que fazem fronteira com o Brasil e que são muito visitados por brasileiros, é ainda pouco tratado em nossas escolas. Ou ainda, não é dado a nossos estudantes (na maioria das vezes) a opção de escolher usar o "vos" como sua variante de Espanhol. Portanto, tratar a variedade linguística também é uma forma de tratar das identidades e possibilitar uma discussão, uma reflexão e um debate críticos com os alunos a respeito de que variante vai querer assumir para o seu falar e sua escrita em Língua Espanhola.

Defendemos, portanto, que a aula de Espanhol apoiada na teoria dos gêneros discursivos e nos princípios didáticos anunciados anteriormente, respeitando a realidade de cada contexto escolar, tem muito a contribuir para a melhoria do ensino e para a área das LEs nas escolas públicas.

Passemos, a seguir, ao ensino da Língua Espanhola no contexto do Ensino Médio brasileiro.

II

A Língua Espanhola no Ensino Médio brasileiro

> Neste texto, contei com a colaboração da professora e mestre Daniela Terezinha Esteche Maciel.

Este capítulo abordará o histórico do ensino da Língua Espanhola no Ensino Médio (EM) brasileiro. Em seguida, destacará o(s) conceito(s) de língua discutido(s) atualmente e a importância da aprendizagem dessa LE para o aluno de EM. Por fim, trará um debate sobre o currículo e os conteúdos de aprendizagem para o idioma espanhol nesse nível de ensino.

A inserção da Língua Espanhola no currículo do EM passa a ser obrigatória a partir da promulgação da Lei n. 11.161/2005. No entanto, como já vem sendo discutido na área de Língua Espanhola, o texto da Lei autoriza uma interpretação que não necessariamente institui esse idioma nas escolas de modo efetivo, mas abre possibilidades para que os alunos estudem essa LE. Essa autorização se dá, principalmente, por causa do artigo 1º da Lei, o qual estabelece "o ensino da Língua Espanhola, de oferta obrigatória pela escola e de matrícula facultativa para o aluno [...]".

Como se lê no artigo 1º da referida Lei, a disciplina de Espanhol precisa ser ofertada, mas sua escolha é facultativa para alunos. Isso faz que, em certas regiões do Brasil, a Língua Espanhola seja ministrada fora da grade curricular, em Centros de Línguas. Nesses casos, o aluno geralmente terá a Língua Inglesa no horário regular de aulas e, se quiser estudar Espanhol, terá de voltar à escola em contraturno. O fato de essa LE ficar fora da matriz curricular e do horário regular de aulas tem feito que um número cada vez mais reduzido de estudantes do EM possam estudá-la.

É importante ressaltar que, se em seu artigo 1º a Lei n. 11.161/2005 deixa brechas para interpretação com relação à inserção do idioma espanhol nas matrizes curriculares do EM, em seu artigo 2º esclarece que "a oferta da Língua Espanhola pelas redes públicas de ensino deverá ser feita no horário regular de aula dos alunos". Ou seja, se há a oferta do idioma Espanhol nas escolas públicas, então essa matéria deveria ser ministrada no horário regular de aulas. Porém, como esclarece Rodrigues (2012, p. 32-33), muitos Estados interpretaram "o "horário regular de aulas" como o horário de funcionamento do estabelecimento escolar".

Entendemos que o modo como a Lei n. 11.161/2005 foi redigida, principalmente no 1º artigo, revela uma tendência muito marcante no planejamento linguístico dos currículos da área de LEs em nível nacional, que é o monolinguismo. Em determinado período (das décadas de 30 a 60 do século XX), houve uma intensificação do estudo do idioma francês; desde o início da década de 1960 com a aprovação da LDB em 1961, conforme Oliveira (2007), a Língua Inglesa passa a prevalecer na matriz curricular de grande parte das escolas. Ou seja, privilegiando uma LE ou outra, a grade do EM no contexto da escola pública, de modo quase generalizado, nunca ofereceu aos alunos mais do que uma opção de estudo de LE.

É importante esclarecer que há leis possibilitando a superação de um currículo monolíngue para LE. A Lei de Diretrizes e Bases da Educação Nacional promulgada em 1996 (LDB n. 9.394/96), por exemplo, prevê a diversidade no ensino de LE em seu artigo 26, § 5º:

> *Na parte diversificada do currículo será incluído, obrigatoriamente, a partir da quinta série, o ensino de pelo menos uma língua estrangeira moderna, cuja escolha ficará a cargo da comunidade escolar, dentro das possibilidades da instituição.*

Assim, a partir da 5ª série (atualmente, 6º ano), a comunidade escolar tem o direito de escolher pelo menos uma LE, considerando sempre "as possibilidades da instituição". Ou seja, ela pode eleger qual LE estaria mais interessada em estudar e também exigir mais de uma LE para compor o currículo.

No entanto, ainda que a LDB n. 9.394/1996 não tenha especificado a LE para estar no currículo, o fato de ter de considerar "as possibilidades da instituição" acabou restringindo a escolha da comunidade à LE predominante naquele momento, isto é, o idioma inglês. Assim, prever a diversidade em forma de lei, sem tomar medidas para que essa diversidade se concretize, provou não garantir a efetivação de um currículo plurilíngue na área das LEs.

Ainda sobre o artigo 26 § 5º, da LDB n. 9.394/1996, Rodrigues (2012, p. 26) comenta o seguinte:

> *Portanto, a partir da observação da legislação educacional brasileira da segunda metade do século XX, podemos concluir que, pouco a pouco, o currículo escolar, com oferta de várias línguas "clássicas" e "modernas", se transforma em um currículo fechado em torno de uma única oferta, com a previsão do ensino de apenas uma língua estrangeira (e "moderna"). Ademais, o fragmento "escolha da comunidade escolar" se constitui em um sintagma a partir do qual se legitima o fato de que, na realidade do funcionamento cotidiano das escolas, é o estabelecimento ou o próprio Estado os que detêm a decisão final sobre qual língua estrangeira que se ensina/aprende na escola. A "comunidade escolar" não é, na maioria dos casos, efetivamente consultada.*

Na virada de milênio, a situação do currículo monolíngue de LE parecia que seria revista, tendendo para uma ampliação de concepção no viés do plurilinguismo. Essa revisão se justificaria pelo fortalecimento do Mercosul, pela própria promulgação da LDB n. 9.394/1996, pelas discussões nas áreas da Linguística e da Linguística Aplicada sobre os conceitos de identidade, políticas linguísticas, diversidade, entre outros; mais tarde, pela aprovação da Lei n. 11.161/2005 e pela publicação das Ocem (2006).

> Neste documento, há um capítulo sobre o ensino de LEs em geral e, em específico, para o ensino da Língua Espanhola. O referido capítulo se intitula "Conhecimentos de Espanhol" e aborda os seguintes aspectos: a importância do ensino de Espanhol nas escolas, a variedade da Língua Espanhola e seu significado para o ensino, a relação da Língua Portuguesa com a Língua Espanhola nos processos de aprendizagem por brasileiros, o ensino da gramática e, por fim, as metodologias, os processos didáticos e os materiais didáticos para o ensino de Espanhol.

No entanto, se, no início dos anos 2000, havia alguma esperança de que o currículo das LEs se ampliaria para além da oferta da Língua Inglesa, essa expectativa foi diminuindo consideravelmente. Na segunda década do século XXI, salvo raras exceções, os currículos escolares para a área de LE segue monolíngue, com o predomínio do idioma inglês. Mais uma vez, a falta de propostas práticas, a escassez de orientações claras e objetivas por parte dos governos estaduais e federal e, enfim, a ausência de um planejamento linguístico efetivo para o ensino das LEs no Brasil limitaram nossos currículos a uma organização monolíngue.

Ressaltamos que não defendemos uma perspectiva de extermínio da Língua Inglesa do currículo em favorecimento da Língua Espanhola ou de qualquer outra LE, ou ainda, de que o Espanhol substitua o idioma inglês no âmbito do monolinguismo. A perspectiva é a de que ocorra uma superação da visão monolíngue para o currículo de LE, permitindo uma ampliação de oferta de idiomas nas matrizes curriculares para contemplar uma série de discussões teórico-práticas e leis que têm vigorado em nosso contexto educacional há quase vinte anos.

Ademais, mais grave do que manter a lógica do monolinguismo na área de ensino de LE, ainda que a publicação de estudos, de pesquisas e de leis combata essa visão, é o silêncio imposto aos que são diretamente afetados por essa dinâmica: os professores e os alunos das escolas públicas. Se a LE pode ser escolhida pela comunidade escolar desde a promulgação da LDB n. 9.394/1996, por que essa comunidade, na maioria das vezes, não é consultada?

Quanto à formação de professores que deem conta dessa nova demanda para o EM, também constatamos que ela está prejudicada e não foi organizada, desde a promulgação da Lei, para favorecer a qualidade do ensino de Espanhol nas escolas públicas. Segundo González (2012, p. 19-20):

> É lamentável constatar, neste ano de 2012, passados sete anos da sanção da Lei n. 11.161, de 5/8/2005, que essa decisão – que poderia ser considerada um gesto de política linguística do governo brasileiro – não

> *foi acompanhada de suficientes ações coordenadas, sobretudo de ações tomadas a tempo de garantir a existência de profissionais adequadamente formados. É, inclusive, indiscutível a existência de um desequilíbrio nesse aspecto (em diversos sentidos) entre as diversas regiões do país e de regiões dentro das regiões: em muitos casos, ainda não se tem claro como resolver todos esses problemas para dar conta da lei, que é federal, e muito pouco ou quase nada tem sido feito para que se cumpra, de fato e com a necessária qualidade, o que a lei exige.*

A existência de uma lei que trata da obrigatoriedade de determinada LE compor a matriz curricular do EM não garante, portanto, que esse ensino se torne obrigatório a todos os alunos e, menos ainda, que ocorra um processo de reflexão e um processo de discussão críticos a respeito do ensino das LEs nas escolas públicas.

No entanto, o desrespeito à Lei n. 11.161/2005 não impede que o ensino de Espanhol seja discutido; ao contrário, temos de aprofundar o debate acerca da inserção da Língua Espanhola no currículo e de seus processos de ensino-aprendizagem para ampliar as possibilidades de que tais processos se concretizem com qualidade.

Nesse sentido, passamos ao conceito de língua que aparece nos documentos oficiais, que é discutido na área da Linguística e Linguística Aplicada, e como tal conceituação nos ajudaria a traçar objetivos para os processos de ensino-aprendizagem de Espanhol. E mais, como tal conceituação revelaria a função da aprendizagem de uma LE para o aluno de EM.

Segundo os PCNEM (2000, p. 5), a língua é compreendida como um "produto humano e social que ordena de forma articulada os dados das experiências comuns aos membros de determinada comunidade linguística". Dessa forma, ainda de acordo com o referido documento, é por meio das práticas sociais que a linguagem verbal é criada, a qual não é estanque e tem o poder de influenciar os modos como se organizam os espaços sociais, as ações, as normas, os costumes e os comportamentos. Além disso, a linguagem é marcada por um caráter dialógico, o que pressupõe que os "significados embutidos em cada particularidade devem ser recuperados pelo estudo histórico, social e cultural dos símbolos que permeiam o cotidiano" (Brasil, 2000, p. 6).

As Ocem (2006), por sua vez, não apresentam uma definição fechada do que seja língua, mas esse documento vai revelando as características mais essenciais do que entende para esse conceito. Assim, nas Ocem (Brasil, 2006, p. 101-102), a língua aparece como algo heterogêneo e determinado por variantes socioculturais, isto é, "as formas de cada língua variam de acordo com os usuários e o contexto em que essas línguas são usadas; as formas da linguagem variam ainda com fatores como a idade, o sexo, a região de origem, a classe social etc. de seus usuários". As Ocem (Brasil, 2006, p. 102), ainda, destacam a importância da cultura, ao lado da língua, no que se refere ao aspecto da variação:

> *Da mesma forma que cada língua é constituída por um conjunto de variantes, cada cultura também é constituída por um conjunto de grupos (regionais, socioeconômicos, de gêneros, religiosos, de imigrantes, urbanos, rurais etc.); e cada um desses grupos possui seus próprios conjuntos de valores e crenças.*

Assim, podemos inferir que os PCNEM e as Ocem contribuem para uma ampliação no conceito de língua para além das concepções estrutural e comunicativa de língua/linguagem. A compreensão desse conceito abre portas para o trabalho com questões de heterogeneidade, de variação, de dialogia, de cultura, de identidade, entre outras, o que corrobora para que a função da aprendizagem/ensino de Espanhol no EM ganhe outros tons.

Na área da Linguística e Linguística Aplicada, cada vez mais, o conceito de língua está abandonando bases abstratas para se firmar em concretas, ou seja, está se voltando para os sujeitos falantes das línguas.

Segundo Bagno (2002, p. 23),

> *A língua não é uma abstração: muito pelo contrário, ela é tão concreta quanto os mesmos seres humanos de carne e osso que se servem dela e dos quais ela é parte integrante. Se tivermos isso sempre em mente, poderemos deslocar nossas reflexões de um plano abstrato – "a língua" – para um plano concreto – os falantes da língua.*

Com o objetivo de aproximar o conceito de língua dos falantes que a usam, outros termos vão-se tornando importantes para a compreensão da concretude do que seja "a língua", entre os quais destacamos os vocábulos cultura, identidade, heterogeneidade. Ao destacar essas três palavras, estamos levando em consideração a variação na constituição das diferentes línguas; ou seja, a língua será perpassada pelas culturas de seus falantes, pelas identidades que os marcam e, consequentemente, ela se tornará heterogênea. Assim, o conceito de língua deixa de simbolizar um sistema ou fenômeno de comunicação e passa a ter seu significado ampliado para considerar as diversidades dos falantes que lhes dão vida.

Não estamos afirmando que estudar uma LE deixa de representar o estudo da língua como sistema e comunicação, mas esse estudo assumirá outras funções que, de certa maneira, trarão uma revisão para o próprio significado do que seja o sistema da língua e de como se dá o fenômeno da comunicação. Essas outras funções têm a ver diretamente com considerar as diversas culturas e contextos sociais, as relações de poder, as identidades dos falantes, entre outros exemplos, que falam/escrevem a língua que estamos estudando. O sistema da língua será estudado, mas no discurso em que foi produzido, isto é, a partir de um gênero discursivo. O fenômeno da comunicação será valorizado, mas tal comunicação precisa ser debatida criticamente: "Quais são seus propósitos, suas intenções (explícitas e implícitas)?"; "O que a gerou?"; "O que ela gerará?", entre outras questões.

Portanto, atualmente, estudar Espanhol ganha muitas outras funções que estão relacionadas com a compreensão do aspecto humano, que é diverso, complexo e contraditório, dos falantes desse idioma. Estudar Espanhol, nesse novo contexto, abre possibilidades para se desvendar os infinitos discursos (gêneros discursivos, orais e escritos) que compõem a Língua Espanhola, as culturas e as identidades dos falantes de mais de vinte países em que esse idioma é oficial e, consequentemente, toda a carga de heterogeneidade que o acompanha. Enfim, estar em uma aula de Espanhol permitirá ao aluno uma ampliação de visão de ser humano e de mundo, principalmente, para esse homem e esse mundo que falam espanhol. Com base em tudo o que foi apresentado e discutido sobre o conceito de língua e da função do ensino-aprendizagem do idioma espanhol no EM, quais serão então os conteúdos de aprendizagem para esta LE nesse nível de ensino? Voltando-nos mais uma vez para os documentos oficiais, verificamos que os PCNEM (2000) e as Ocem (2006) não apontam conteúdos específicos para o EM. No entanto, as Ocem (2006) indicam que temas geradores podem contribuir para a definição de objetivos e conteúdos. Nessa perspectiva, sugerem a seleção de temas relacionados com a formação do indivíduo, focando na transversalidade. Entre os temas, estão os que podem trazer reflexões sobre políticas, economia, educação, questões sociais, esportes, lazer, informação, línguas e linguagens.

As Orientações Educacionais Complementares aos Parâmetros Curriculares Nacionais (PCN+) (2002, p. 103), por outro lado, estabelecem conteúdos claros para o ensino de LEs. Afirmam que os professores podem trabalhar em três frentes, com a estrutura linguística, com o vocabulário e com leitura e interpretação de textos, e o "último item é o mais importante e se utilizará dos dois primeiros para efetivar-se de modo eficaz". Além disso, apresenta lista de tópicos gramaticais para o ensino de Inglês e temas para se explorar o vocabulário.

Apesar de parecer restringir mais os conteúdos para o ensino de LE, os PCN+ trazem uma afirmação importante sobre o conteúdo que deve estruturar os processos de ensino-aprendizagem: "O texto – falado e escrito – constitui o grande conteúdo estruturador em Língua Estrangeira, a partir do qual irão organizar-se os demais conteúdos estruturadores" (Brasil, 2002, p. 116).

Ao levar-se em consideração os três documentos oficiais apresentados e que nos apoiamos na perspectiva dos gêneros discursivos para um ensino de Espanhol de qualidade, concordamos com os PCN+ de que o texto, no caso os mais variados gêneros discursivos (escritos e orais) dos diversos países falantes da Língua Espanhola, marcam o principal conteúdo de nossas aulas. Portanto, é o estudo do gênero discursivo que será ressaltado como conteúdo fundamental e é no gênero que nos pautaremos para organizar o planejamento de nossos cursos, e as temáticas que interessam a nossos alunos e que foram sugeridas nas Ocem (2006) também devem ser valorizadas.

Por fim, ao lado dos gêneros discursivos, não podemos deixar de apontar que a cultura passa a ser conteúdo nas aulas de LE. Fechamos essa discussão, assim, com uma pergunta a que objetivamos responder no próximo capítulo: "Então, qual é a importância da cultura para o ensino de Espanhol e, mais ainda, para o ensino de Espanhol de qualidade?"

III

Aspectos culturais como conteúdo nas aulas de LE

> Neste texto, contei com a colaboração da professora doutora Ione da Silva Jovino e da professora pós-doutora e Ph.D. Aparecida de Jesus Ferreira.

O trabalho com aspectos culturais tem-se tornado cada vez mais importante nos processos de ensino-aprendizagem de uma LE. Por que estudar a cultura do outro ganhou destaque na virada de século? Sendo a Língua Espanhola um idioma oficial em mais de vinte países, como devemos tratar essa diversidade de culturas? No Brasil, além de PCNEM e Ocem, há algumas leis que nos permitem um trabalho fundamentado nos aspectos culturais, considerando ainda a questão das contribuições das culturas africanas e indígenas para os processos de ensino-aprendizagem, como é o caso das Leis nn. 10.639/2003 e 11.645/2008. Assim, este texto abordará o conceito de cultura e sua validade na área das LEs e por que diversas culturas podem ser trabalhadas nas aulas de Espanhol.

> A Lei n. 10.639 foi promulgada em janeiro de 2003. Esta Lei altera a LDB 9.304/1996 e torna obrigatória a temática "História e Cultura Afro-Brasileira" no currículo oficial da rede de ensino.

> A Lei n. 11.645 foi promulgada em março de 2008. Ela altera a LDB n. 9.304/1996, modificada pela Lei 10.639, e inclui no currículo oficial da rede de ensino a obrigatoriedade da temática "História e Cultura Afro-Brasileira e Indígena".

A palavra "cultura", de origem latina, significava, originalmente, 'a ação de cultivar'. A partir do século XVIII, houve uma série de discussões sobre esse conceito, o que permitiu uma extensão do significado da palavra. Além dos significados relacionados à ação de cultivar, à plantação e à criação de animais, cultura pode significar "conjunto de experiências e conhecimentos que caracterizam determinado povo, nação ou região"; ou ainda, o "conjunto de conhecimentos de determinado indivíduo" (Bechara, 2009, p. 251).

Cuche (2002) analisa a mudança do significado da palavra "cultura" ao longo da história. Segundo ele, o conceito moderno de "cultura" começou a se formar no século XVIII. Os alemães tenderam para uma visão particularista sob a influência do nacionalismo, "a cultura vem da alma, do gênio de um povo"; dessa maneira, cultura representará conquistas (artísticas, intelectuais e morais) de uma nação, tornando-se um patrimônio "adquirido definitivamente e fundador de sua unidade". Os franceses, por sua vez, apostaram no predomínio de um pensamento universalista: a cultura é a cultura da humanidade (Cuche, 2002, p. 28-31). Como resultado dessas discussões, o mais importante foi a conclusão de que a cultura não é algo inerente ao ser humano, que o sujeito interage com a cultura que o cerca e que suas ações, nessa interação, darão respostas diferentes para as mesmas perguntas.

Os primeiros estudos referentes à cultura determinando a construção/formação da identidade (que, a princípio, era definida como personalidade) surgiram na década de 30 do século XX, estimulados principalmente pela antropologia americana. No entanto, já nesses estudos iniciais, cuidou-se para que o conceito de cultura não naturalizasse o meio social. Para Linton e Kardiner, de acordo com Cuche (2002), nenhum indivíduo fica passivo ao se relacionar com a cultura; ao contrário, qualquer pessoa, por seu caráter singular, poderá contribuir com a transformação da cultura e, consequentemente, alterará a própria personalidade. Assim, "cada indivíduo tem seu próprio modo de interiorizar e viver sua cultura, mesmo sendo profundamente marcado por ela" (Cuche, 2002, p. 85).

A conceituação de cultura, ainda conforme Cuche (2002), vai tomando, ao longo dos séculos XIX e XX, contornos mais bem definidos; de maneira sintética, ela pode ser definida da seguinte maneira: trata-se de uma abstração e refere-se ao que é estritamente humano. Na verdade, o que há são sujeitos que a criam, que a transmitem, que a modificam. Quando o sujeito nasce, a cultura já é existente (estabelecida pelas gerações anteriores); e, a partir de sua interação com o social, ele vai adquiri-la; portanto, essa aproximação da cultura com o sujeito ocorre a partir de processos, em sua maioria, inconscientes. No entanto, ao adquiri-la, o sujeito vai se relacionar com ela, podendo transformá-la.

À definição de cultura, será acrescida a questão da língua, uma vez que ela é a "soma de diferentes sistemas de classificação e diferentes formações discursivas aos quais a língua recorre para dar significado às coisas" (Hall, 1997, p. 10). Já a "virada cultural", anunciada pelos estudos culturais na segunda metade do século XX, amplia tal compreensão sobre a linguagem para a vida social como um todo; assim, nossas identidades e nossas formas de viver também podem ser compreendidas como práticas culturais, práticas discursivas.

Hall (1997, p. 21), ainda, examina a centralidade da cultura e de tudo o que estava ligado a ela na segunda metade do século XX, bem como seu papel na constituição de todos os aspectos da vida social, apontando para uma "expansão substantiva da cultura – sua crescente centralidade nos processos globais de formação e mudança, sua penetração na vida cotidiana e seu papel constitutivo e localizado na formação de identidades e subjetividades".

Além dos aspectos substantivos, Hall (1997, p. 1) também aponta para o caráter epistemológico ligado à cultura. Este diz respeito "à posição da cultura em relação às questões de conhecimento e conceituaização, em como a 'cultura' é usada para transformar nossa compreensão, explicação e modelos teóricos do mundo". Assim, o autor determina qual o lugar da cultura no final da década de 1990, analisando os impactos da dimensão global que as revoluções da cultura causam sobre a dimensão mais local: modos de viver, sentidos dados à vida, aspirações para o futuro.

Ao mesmo tempo que a dimensão global aponta para aspectos de homogeneização cultural, tendo em vista os suportes, as ferramentas e as tecnologias que possibilitam dar a conhecer produtos mundializados, Hall (1997, p. 3) observa que o processo não é tão simples, que o mundo não seria facilmente transformado em um "espaço culturalmente uniforme e homogêneo". O autor aponta que "a cultura global necessita da 'diferença' para prosperar – mesmo que apenas para convertê-la em outro produto cultural para o mercado mundial".

A partir de toda a relevância dada ao conceito de cultura na contemporaneidade, as discussões sobre a questão cultural vão estar presentes na Resolução CNE/CP n. 2/2015. Nela, por exemplo, evidenciam-se os princípios formativos para os profissionais do Magistério na Educação Básica, entre os quais está "a compreensão dos profissionais do magistério como agentes formativos de cultura e da necessidade de seu acesso permanente às informações, vivência e atualização culturais".

Além disso, as discussões sobre a importância da cultura também se apresentam nos documentos oficiais brasileiros sobre o ensino de Línguas. Nos PCN+ (2002), vários pontos já atentavam para o aspecto cultural como ponto central no ensino de uma LE. Porém, esse caráter se tornará mais evidente nas Ocem.

Nas Ocem, o termo cultura perpassa toda a discussão das concepções e direcionamentos para o ensino de LEs e permanece quando se particulariza o ensino de Espanhol. A posição teórico-metodológica de ensino está fundamentada no projeto de (multi)letramento e determina mudanças na concepção de ensino de Línguas. O conceito de cultura aparece no documento intimamente ligado à concepção de linguagem, uma vez que o letramento é visto como modos culturais de ver, descrever, explicar o uso da linguagem. Os termos "linguagem" e "cultura" aparecem juntos em grande parte do documento. Compreender o caráter heterogêneo dos conceitos de linguagem e cultura se mostra imprescindível para a teoria apresentada, uma vez que formam a base da teoria dos letramentos e comunidades de prática.

Portanto, não é possível pensar em uma visão de cultura como padrão, normativa, na qual se apresenta, por exemplo, em um material didático, o "melhor" dos valores, das crenças e da expressão de um povo, sendo esse povo visto como homogêneo e igual, sem variações e diferenças (Brasil, 2006). Assim, a homogeneidade é vista como base da exclusão social, uma vez que elimina variantes de linguagem e socioculturais. Para Hall (2003, p. 256), "a escola e o sistema educacional são exemplos de instituições que distinguem a parte valorizada da cultura, a herança cultural, a história a ser transmitida, da parte sem valor". Ao pensarmos na comunicação oral e escrita e no desenvolvimento da leitura como práticas culturais contextualizadas, bem como em temas de ensino que perpassam pela cidadania, diversidade, igualdade, justiça social, relações étnico-raciais, entre outros, e na questão da cultura como conteúdo de ensino-aprendizagem, nós nos aproximamos de forma veemente da proposta das Ocem.

Entre outros aspectos, as Ocem asseveram que o ensino de Línguas se relaciona à formação dos indivíduos e ao desenvolvimento do senso de cidadania e da heterogeneidade linguística e sociocultural. Este também pode promover o diálogo com outras culturas (outras línguas, países, diversidades), ao mesmo tempo que valoriza a cultura em que o aluno está inserido, levando "o estudante a ver-se e constituir-se como sujeito a partir do contato e da exposição ao outro, à diferença e ao reconhecimento da diversidade" (Brasil, 2006, p. 133).

Os PCN+ (Brasil, 2002, p. 133-134) apontam, nas sugestões de competências do trabalho pedagógico, que o ensino de Línguas deve "lutar contra os preconceitos e as discriminações sexuais, étnicas e sociais" e também que o espaço da aula de LE serve à "aproximação dos alunos com culturas e modos diferentes de ver o mundo e nele estar, visando a combater estereótipos e preconceitos, propiciando o convívio solidário das diversidades".

As Ocem (Brasil, 2006, p. 149) indicam, nas orientações pedagógicas para o ensino de Espanhol, que colocar em pauta a questão das diversidades passa pelo tema da representação, de si e do outro, sendo estas manifestadas discursivamente na forma de "estereótipos, idealizações, exotismos" e devendo ser alvo de alguma forma de trabalho analítico-crítico.

A partir de Hall (2010, p. 429), podemos compreender o estereótipo como uma redução, uma essencialização, pois estereotipar quer dizer "reducir a unos pocos rasgos esenciales y fijos en la Naturaleza". Ancorado em Richard Dyer, o referido autor (2010) faz uma importante distinção entre tipificar e estereotipar, alertando-nos para o fato de que a tipificação é essencial para a produção de significado, ou seja, para a criação de categorias amplas, reconhecidas e perceptíveis com facilidade. Entretanto, os estereótipos reduzem tudo a respeito de uma pessoa (ou grupo) a poucos traços, exagerando, simplificando, naturalizando e fixando a diferença.

Pensar os estereótipos mostra-se relevante, pois "el estereotipo como práctica significante es central a la representación de la diferencia" (Hall, 2010, p. 429). Para o autor, a estereotipação, simbolicamente, também fixa limites de representação e exclui tudo que não lhe pertence, o que, segundo Hall (2010), pode ser lido como uma prática de bloqueio e de exclusão. Para o autor, as práticas de estereotipação são parte da manutenção da ordem social e simbólica, estabelecendo claras fronteiras entre o que deve e não deve ser aceito, originando assim a figura do "Outro".

> O autor faz uma ampla discussão anterior do conceito de diferença, destacando seu caráter tanto positivo (produção de significado, formação da linguagem e da cultura, para as identidades sociais, entre outros exemplos) quanto negativo (ruptura, agressão, hostilidade) e sobre a construção do "Outro", para posterior e detalhadamente fazer uma análise da representação racial do negro, da representação racial da diferença, usando de estratégias diversas, por exemplo, a naturalização, para fixar a diferença em um lugar de inferioridade, discursiva e ideologicamente (Hall, 2010, p. 428).

Quando pensamos o ensino de Espanhol apresentando aos alunos a variante de um único país, por exemplo, tipos únicos de pessoas como os "legítimos" falantes de determinada nação, estamos contribuindo para a manutenção de estereótipos. Da mesma forma, quando traz imagens de negros somente como jogadores de futebol, um livro didático está partindo de algo amplamente divulgado e conhecido, talvez necessário, para se falar de esporte, partindo de uma prática esportiva presente em várias culturas; entretanto, se não se apresentam imagens de pessoas negras praticando outras atividades esportivas ou em diferenciadas inserções sociais, isso é um estereótipo.

"O processo de aprendizagem de uma LE envolve obrigatoriamente a percepção de que se trata da aquisição de um produto cultural complexo" (Brasil, 2002, p. 93). Como produto cultural, apresenta aspectos culturais que uma única variante da língua ou um único modelo de falante não pode deixar ver. Bell Hooks (2008) chama a atenção para o fato de que o idioma inglês falado pelos negros americanos é uma língua que foi alterada, transformada, tornada uma "contralíngua". O mesmo se deu com a língua portuguesa falada no Brasil e com a língua espanhola falada em outros países da América do Sul. Por exemplo, a língua *palenque*, falada na comunidade "Palenque de San Basílio", em Bolívar, na costa colombiana, é uma língua *crioula*, formada a partir de elementos linguísticos dos idiomas espanhol, português e línguas africanas especialmente, do grupo linguístico banto. Ao levar uma atividade sobre o idioma *palenque* para o contexto da sala de aula, não trataremos apenas de uma língua, mas de "una construcción cultural altamente arraigada entre sus hablantes y en una posibilidad para el establecimiento de imaginarios y cosmovisiones" (Obeso, s.d., p. 81-82).

Após considerarmos as discussões atuais sobre os documentos oficiais sobre o ensino de LE, PCNEM, Ocem e o Programa Nacional do Livro Didático (PNLD-LE) (Brasil, 2010), é impossível negar que há uma reconfiguração para o ensino de LE. Esta inclui, de modo evidente, a inserção da preocupação com as identidades sociais, sejam de raça/etnia, sejam de gênero, sejam de sexualidade, sejam de classe. É possível dizer que uma das mais importantes razões para essa relevância do tema raça/etnia, gênero, sexualidade e classe nos cursos de formação de professores de LE é que simplesmente não são discutidos aspectos da construção identitária de raça/etnia, gênero, classe e sexualidade em relação aos professores e às próprias experiências culturais dos professores (cf. Moita Lopes, 2002; Ferreira, 2006).

Os cursos de formação de professores de LE ainda são bastante pautados em conteúdo e na forma como o currículo é construído, e isso não reflete a realidade com a qual os futuros professores vão se deparar no momento de ensinar nas escolas. No currículo dos cursos de LE, esses temas não são discutidos de forma interdisciplinar, ou como uma questão importante (Moita Lopes, 2002). Isso significa que os professores em pré-serviço (em formação) e os professores em serviço (em exercício) deixam de relacionar o que estão aprendendo em um tema específico com a realidade que vão encontrar quando estiverem em sala de aula com seus alunos, como as pesquisas têm indicado (Moita Lopes, 2002; Gomes; Silva, 2002; Azevedo, 2010; Barros, 2013; Ferreira, 2012; 2014a; Jovino, 2014; entre outros).

Após uma reflexão mais específica sobre identidades sociais de raça/etnia, nos últimos anos, e após a publicação da Lei n. 10.639/2003, que torna obrigatório o ensino de História e Cultura Afro-brasileira e Africana no EF e EM, intensificaram-se tais discussões no Brasil, principalmente por pesquisadores engajados com questões que discorrem sobre: educação para cidadania, justiça social, igualdade social, ensino crítico e reflexivo e inclusão social. Esses profissionais refletem sobre as questões raciais e étnicas dentro e fora do sistema escolar (Gomes, 2003; Rosemberg; Bazilli; Silva, 1993; Ferreira, 2014b, entre outros).

A inclusão das questões abordadas na Lei possui uma necessidade urgente, considerando-se a ausência de representação de temas que abordam as questões de diversidade étnico-racial no currículo. Outra preocupação, referente às Leis nn. 10.639/2003 e 11.645/2008, diz respeito ao preparo dos professores na abordagem da discussão de identidade racial no contexto escolar. Com isso, queremos dizer que apenas fornecendo materiais de ensino não é suficiente, pois há a necessidade de observar os professores na sala de aula, porque este é o lugar onde os materiais são utilizados. No entanto, para tratar das questões de raça/etnia e racismo no contexto escolar, é necessário que os professores estejam preparados, como mencionamos anteriormente.

A tabela seguinte reflete um pouco sobre a importância da discussão e da inserção do letramento racial e/ou letramento racial crítico. Vale citar que, em pesquisas recentes, essa nomenclatura tem sido mais utilizada tanto no contexto brasileiro como em outros países.

Tabela 1. Definições de letramento racial e letramento racial crítico.

Letramento racial	"Letramento racial é uma compreensão das formas poderosas e complexas em que raça influencia as experiências sociais, econômicas, políticas e educacionais de indivíduos e grupos" (Skerrett, 2011, p. 314).
Letramento racial	"Letramento racial, [...] obriga-nos a repensar a raça como um instrumento de controle social, geográfico e econômico de ambos brancos e negros" (Guinier, 2004, p. 114).
Letramento racial	"A perspectiva do letramento racial vai além de transcender 'performances previsíveis' para uma avaliação crítica do privilégio branco como ele se manifesta e é reforçado por meio de práticas de letramento" (Mosley, 2010, p. 453).
Letramento racial crítico	"Ensino do letramento racial crítico é um conjunto de ferramentas pedagógicas para a prática do letramento racial em ambientes escolares com crianças, com os pares no ambiente de trabalho, colegas, e assim por diante [...]" (Mosley, 2010, p. 452). "Ensino do letramento racial crítico interroga as ideologias que formam o conhecimento" (Mosley, 2010, p. 453).

Fonte: Ferreira (2010, p. 127-160).

Como apresentado na tabela anterior, fica evidente que o letramento racial crítico é um importante elemento para o contexto de sala de aula para que ocorram as discussões sobre identidade racial. No entanto, esses debates precisam ser realizados de forma que levem à reflexão crítica e também proponham mudanças e ações, e isso exige um desafio constante. Embora tenha sido utilizada a nomenclatura letramento racial crítico, pois aqui está sendo tratada a questão racial, também é possível fazer reflexões sobre letramento de gênero e letramento sexual. Isso demonstra que há uma preocupação de professores e pesquisadores que estão engajados, sentindo-se também responsáveis por mudanças sociais em encontrar outras formas de trazer para a arena da escola questões sobre raça/etnia, gênero, sexualidade e classe.

Dessa forma, os aspectos culturais como conteúdo das aulas de LE indicam mais do que abordar festas populares, comidas típicas, roupas tradicionais, entre outros exemplos, dos países hispano-falantes em nossas aulas. As questões culturais são importantes para compreender determinado povo em que a LE é falada e se aproximar dele, buscando superar ideias estereotipadas e que possam ser preconceituosas. Além disso, é importante que os estudantes de Espanhol, por meio desse estudo, reflitam sobre os próprios aspectos culturais. Nesse movimento de autorreflexão, estão inseridas as questões que perpassam as identidades sociais desses aprendizes, as quais estão atreladas a aspectos culturais do que aprendemos o que significa ser de determinado gênero, pertencer a determinada classe social, fazer parte de determinado grupo étnico-racial na sociedade.

2ª Parte

*A partir daqui, entraremos na 2ª Parte
de nossas discussões.
A proposta dos textos seguintes é ser mais prática
e problematizar, em termos mais concretos
e didáticos, os pontos discutidos anteriormente.
Abrimos a próxima seção com a questão dos gêneros
abordados em nossas aulas.*

I

Poderão os gêneros discursivos invadir nossas aulas? Vantagens dessa perspectiva para os processos de ensino-aprendizagem

Após a publicação dos PCNs (1998; 2000), a teoria dos gêneros discursivos foi ganhando cada vez mais destaque na área de LE. No entanto, apesar dessa teoria circular nos meios acadêmicos há mais de uma década, ainda não se estabelece com frequência nas práticas docentes (Hila, 2009). Este capítulo, assim, abordará a importância de essa teoria estar em nossas aulas, formas de aplicá-la e os possíveis resultados para os processos de ensino-aprendizagem. Com isso, o objetivo é quebrar a distância teórico/prática em torno dos gêneros discursivos no ensino de LE e esclarecer aos professores as vantagens para o aprendizado de seus alunos e para sua própria prática em apostar nessa perspectiva de trabalho. Além disso, acrescentaremos à discussão o conceito de letramento conforme proposto nas Ocem (2006) e sua relação com o aprendizado dos gêneros.

Primeiramente, precisamos esclarecer o que entendemos por gêneros discursivos. Bakhtin (2003, p. 262) é o teórico que organiza o conceito inicialmente; segundo ele, "cada campo de utilização da língua elabora seus tipos relativamente estáveis de enunciados, os quais denominamos gêneros do discurso". De forma mais simplificada, o gênero discursivo é a concretização de um texto (oral ou escrito) em determinada situação comunicativa. Por ocorrer em dada situação de comunicação, esse texto sempre apresenta "padrões sociocomunicativos característicos definidos por composições funcionais, objetivos enunciativos e estilos" (Marcuschi, 2008, p. 155), e tais padrões não ocorrem aleatoriamente; ao contrário, são determinados por elementos históricos, culturais e sociais.

Assim, todos os textos escritos ou orais produzidos em nossa comunicação diária trazem marcas que revelam várias variáveis do processo comunicativo: quem escreveu/falou, para quem escreveu/falou, o objetivo de escrever/falar, em que contexto escreveu/falou, em que local publicou o que escreveu/falou, em que momento histórico escreveu/falou, entre outros. O texto, com isso, torna-se complexo e repleto de significados que precisam ser desvelados para sua compreensão.

Portanto, quando tratamos o texto na perspectiva da teoria dos gêneros discursivos, precisamos superar duas ideias básicas que marcaram a história do ensino de LE: a LE como sinônimo de estrutura ou como sinônimo de comunicação estritamente. Tratar o ensino da LE fundamentado em tal teoria significa assumir os discursos sociais que compõem essa língua, ou seja, considerar textos (orais e escritos) que fazem parte de práticas discursivas para ensinar o novo idioma.

Quando nos apoiamos na perspectiva discursiva/dialógica de língua, vamos abandonando aulas de LE que se firmam na mera memorização e repetição de regras gramaticais, de listas de vocabulário e de estruturas, ou ainda, em "teatralização" de situações comunicativas (por exemplo, construir e apresentar um diálogo no contexto de uma viagem internacional, em que um estudante finge ser o passageiro e o outro estudante finge ser o comissário). Como bem afirmam as Ocem (Brasil, 2006, p. 92), "o valor educacional da aprendizagem de uma língua estrangeira vai muito além de meramente capacitar o aprendiz a usar uma determinada língua estrangeira para fins comunicativos". Com isso, vamos nos apegando a aulas que se utilizam de textos autênticos dos mais variados gêneros, dos diversos países onde a língua espanhola é falada, buscando uma compreensão e uma produção desses gêneros por nossos alunos em uma perspectiva crítica. Nesse sentido, concordamos com Hila (2009) quando afirma que:

> *No caso da leitura, o que se tem ressaltado é que a escola precisa formar leitores críticos que consigam construir significados para além da superfície do texto, observando as funções sociais da leitura e da escrita nos mais variados contextos, a fim de levá-los a participar plena e criticamente de práticas sociais que envolvem o uso da escrita e da oralidade. A noção, portanto, de prática social, convoca um dos primeiros argumentos em defesa do uso dos gêneros em sala de aula* (Hila, 2009, p. 159).

Quando defendemos que a compreensão e a produção de gêneros discursivos pelos alunos precisam ocorrer em uma perspectiva crítica, estamos trazendo para a aula de Espanhol a responsabilidade de promover uma relação dos alunos com o texto de forma que eles possam refletir sobre uma série de questões. Para isso, é importante pensar na didática do ensino da Língua Espanhola, pois para desenvolver uma análise e uma crítica das relações que o texto estabelece com a língua, poder, grupos sociais, práticas sociais, é necessário explorar alguns conceitos que estão embutidos na teoria dos gêneros discursivos; entre eles, destacamos: suporte, esfera discursiva, identidade do(s) emissor(es) e do(s) receptor(es), finalidade, tema, tipo textual e estrutura composicional do gênero. Desse modo, ao se trabalhar com diversos gêneros na aula de LE, esses conceitos terão de ser debatidos de diferentes formas por meio de atividades de compreensão e produção textual.

Ainda cuidando dos encaminhamentos metodológicos e da didática no trabalho com os gêneros discursivos, temos de considerar de que modo organizamos nossas aulas para promover uma compreensão e uma produção textual crítica na aula de LE. Nós nos reportamos à estrutura de sequência didática (SD) elaborada por Dolz, Noverraz e Schneuwly

(2004, p. 83-91), porque consideramos que se trata de uma sequência que considera o conhecimento prévio dos alunos, que incentiva uma reflexão crítica deles a respeito do texto que lerão e produzirão e, ainda, que prevê a circulação das produções realizadas em aula.

Na SD, torna-se necessário elencar alguns passos, o primeiro deles seria a apresentação de uma situação, que revelaria a necessidade de produção de determinado gênero. Tendo essa necessidade, os alunos iniciariam o trabalho produzindo o gênero discursivo (oral ou escrito) a ser estudado. A partir dessa produção inicial, que representa o segundo passo, os professores teriam condições de acessar o conhecimento prévio dos discentes a respeito da constituição do gênero e organizar a próxima etapa de aprofundamento de estudo. A terceira etapa, então, seriam os módulos, para se "trabalhar os problemas que apareceram na primeira produção e dar aos alunos os instrumentos necessários para superá-los" (Dolz; Noverraz; Schneuwly, 2004, p. 87). A quarta e última fase da SD seria a produção escrita do gênero em foco, já organizando um processo de reescrita da produção inicial. Para esse trabalho final, estaria prevista a circulação do gênero produzido em aula, o que levaria os professores a sempre proporem formas de divulgar e publicar as produções de sua turma.

Além disso, não podemos nos esquecer de que a cultura, as quatro habilidades, o estudo lexical, gramatical, entre outros exemplos, também estarão presentes no trabalho da SD. Onde entrariam todos esses aspectos? Na maioria das vezes, esses aspectos serão explorados explicitamente nos módulos da SD. Como nessa perspectiva o texto é o foco da aprendizagem, é o próprio trabalho com o texto que revelará a necessidade de se explorar cada um desses aspectos. Sendo assim, a seleção do texto pelos professores e o modo como esse conteúdo será abordado é fundamental para promover o estudo da cultura, da gramática, do vocabulário, das quatro habilidades, entre outros.

Quando o gênero é produzido pelo aluno, já no início da SD, certamente surgirão dúvidas de vocabulário e de estruturas gramaticais. A partir desses questionamentos, os professores poderão propor atividades futuras que se voltem para a aprendizagem das lacunas verificadas nessas produções. Vale citar que tais atividades não se firmarão em princípios de memorização e repetição de regras simplesmente, mas na reflexão sobre o uso de tal léxico ou de tal estrutura em determinado contexto. Ou ainda, na produção final dos alunos, antes de publicar o texto para a circulação, se for avaliado que há a necessidade de revisão vocabular ou gramatical (sobre questões já abordadas ou novas questões), então outro ciclo de atividades pode ser instaurado.

No caso das quatro habilidades, elas poderão ser trabalhadas em qualquer momento da SD. A SD privilegia, pelo próprio modo como se organiza, a leitura e a escrita. Sendo assim, os professores precisarão atentar para a promoção de práticas de escuta e de oralidade.

A escuta, por exemplo, pode ser realizada para iniciar o debate sobre o tema do gênero discursivo que será lido, ou ainda, ao final da leitura, para aprofundar a compreensão já alcançada. Pode também ser utilizada para explorar o vocabulário ou a estrutura gramatical previamente estudados.

No que se refere à oralidade, a língua espanhola, por sua proximidade com a língua portuguesa, beneficia seus aprendizes no momento da produção oral. Portanto, os professores podem falar em espanhol desde o início do 1º ano do EM e incentivar seus alunos para a comunicação na LE durante as aulas. No entanto, sabemos que, dependendo da quantidade de estudantes na aula de LE, fica muito complicado promover a prática oral de maneira mais efetiva com toda a classe; por isso, é tão importante que os professores falem o máximo que puder na LE e sirvam de modelo para que seus alunos se sintam à vontade para falar também.

> Em capítulo posterior, trataremos mais especificamente sobre as quatro habilidades no ensino de Espanhol.

O fundamental é ter os gêneros discursivos como foco dos processos de ensino-aprendizagem. As questões vocabulares e gramaticais circularão ao redor dos gêneros e ganharão destaque na medida em que se mostrarem úteis para aprofundar a compreensão e produção textuais. O mesmo ocorrerá com as quatro habilidades, que serão organizadas para contribuir com uma compreensão, uma produção e um aprofundamento dos gêneros.

De uma maneira simplificada, a didática para o trabalho da Língua Espanhola na perspectiva dos gêneros discursivos seria a inversa do que usualmente estamos acostumados a presenciar nas escolas. Se antes o percurso metodológico era marcado pelo acréscimo de vocabulário, de funções comunicativas, de estruturas gramaticais para, no final, o aluno ser capaz de produzir um texto (oral ou escrito), agora apostamos nos conhecimentos prévios do aluno sobre língua para que ele possa já iniciar os estudos dos gêneros discursivos com uma produção. Nesse sentido, o estudante envolto nessa perspectiva será mais ativo e precisará participar mais das aulas de LE para aprender. Essa maior participação incidirá na criação, na exposição, na leitura e na crítica de textos. Ainda, à medida que aprofunda seu conhecimento a respeito dos gêneros discursivos, o aluno deverá ampliar sua visão de mundo e conhecimento de línguas e culturas e, acima de tudo, desenvolver o senso de cidadania.

Quando tratamos da questão do aprofundamento dos conhecimentos sobre os gêneros discursivos, podemos nos remeter ao projeto de letramento abordado principalmente nas Ocem (2006). Segundo esse documento, "o projeto de letramento está intimamente ligado a modos culturais de usar a linguagem" (Brasil, 2006, p. 98), o que significa que os gêneros discursivos poderão variar nas diferentes culturas, ou ainda, nas diferentes línguas.

> *Passou-se a entender que cada língua e cada cultura usam a escrita em diferentes contextos para fins diferentes. Nessa nova maneira de ver a escrita em contextos específicos, passou-se a perceber que a escrita não pode ser vista de forma abstrata, desvinculada do contexto de seus usos e de seus usuários. Com isso, surgiu o conceito da escrita como uma* **prática sociocultural**, *ou, melhor dizendo, uma série de práticas socioculturais variadas* (Brasil, 2006, p. 100). (Grifos dos autores)

Considerando que o espanhol é o idioma oficial em mais de vinte países, o mesmo gênero discursivo poderá ser abordado diferentemente dependendo do contexto em que for produzido. E a variação pode se dar dentro do mesmo país, uma vez que, nessa visão de letramento, "até em uma mesma cultura e em uma mesma língua as práticas de linguagem diferem" (Brasil, 2006, p. 101). Essa compreensão da variação da língua relacionada à cultura vem ampliar ainda mais o alcance dos processos de ensino-aprendizagem que uma LE pode proporcionar ao estudante do EM. Língua e cultura deixam de ter um caráter homogêneo e passam a incorporar outras definições condizentes com uma realidade mais diversa e democrática. Assim, o objetivo é "formar um aprendiz capaz de compartilhar, recriar, recontextualizar e transformar, e não de reproduzir conhecimentos estanques" (Brasil, 2006, p. 108).

Tendo tratado dos fundamentos da teoria dos gêneros discursivos e sua relação com a prática para o ensino da Língua Espanhola e também do projeto de letramento para o aprofundamento da compreensão dos gêneros, nós nos voltamos para a apresentação de uma atividade prática que possa esclarecer aos docentes formas de uma aproximação teórico/prática.

Para a realização dessa atividade, apresentaremos propostas para as quatro partes da SD: a apresentação da situação, a produção inicial e um módulo de compreensão textual. A elaboração de atividades que abordem os aspectos gramaticais, culturais e a produção final será apresentada em outros capítulos.

Como apresentação da situação, os professores podem mostrar vários ritmos musicais dos países hispano-falantes. Entre esses ritmos, sugerimos a seguinte tabela de músicos ou bandas (de nossa autoria):

País	Banda/Cantor/a
Argentina e Uruguai	Bajo Fondo
Bolívia	Fernando Reche
Cuba	Buena Vista Social Club
Equador	Paulina Aguirre
Espanha	Marina Heredia
Guiné Equatorial	Mefe
México	Kalimba
Paraguai	José Asunción Flores
Peru	Gian Marco Zignago
Venezuela	Guaco

Durante a escuta, os professores podem perguntar se os alunos conseguem identificar os instrumentos musicais utilizados e se podem classificar os ritmos. Por exemplo, Bajo Fondo seria um representante do tango, mais especificamente o tango eletrônico. Todo esse vocabulário pode ser organizado na lousa e em espanhol. Além disso, é possível explorar os aspectos culturais que marcam os ritmos, ou seja, se há semelhança entre os ritmos dos diferentes países, ou, ainda, se há cantores ou grupos brasileiros que apresentam musicalidades parecidas.

Na produção inicial, os professores, com a ajuda dos alunos, podem fazer uma lista de ritmos musicais comuns no Brasil e circular os que estão em destaque na atualidade e dos quais os alunos mais gostam. Com essa lista preparada, eles deverão organizar a sala em pares ou grupos para que escolham um dos ritmos listados e, em espanhol, redijam uma explicação a respeito do ritmo. Os alunos devem ser avisados de que essa explicação precisa ser escrita para atender às características do gênero verbete; além disso, precisam considerar que os leitores desses textos serão colegas de outras turmas.

Como um dos módulos para aprofundar o conhecimento a respeito do gênero discursivo verbete, destacamos ser fundamental a leitura do gênero em foco e realização de atividades de compreensão para tratar de questões relacionadas ao suporte, esfera discursiva, identidade do(s) emissor(es) e do(s) receptor(es), finalidade, tema, tipo textual e estrutura composicional.

A seguir, selecionamos três textos para exemplificar formas de manifestação do gênero verbete. O texto 1 foi retirado de um livro de fotografias, o texto 2 de um dicionário e o texto 3 de uma enciclopédia. O livro de fotografias e o dicionário foram publicados na Argentina e a enciclopédia foi publicada na Espanha. A ideia básica é que os alunos consigam compreender que todos os textos abordam o mesmo tema, o ritmo tango, por meio do mesmo gênero discursivo. No entanto, o modo da escrita do gênero variará de acordo com a proposta do suporte em que foi publicado.

El tango

Entre 1812 y 1826 a los esclavos y libertos se les respetaba su organización por "naciones" -como se denominaban sus agrupamientos- con sus respectivos reyes e reinas. Los principales grupos que contabam com esa autorización -Conga, la más numerosa: Angola, Benguela, Lubolos, Moros, Cabunda y otros- organizaban bailes en ranchos o terrenos cercanos a las parroquias de Montserrat y Concepción. Este barrio fue cononcido principalmente como Mondongo -porque los matarifes les regalaban esta víscera que comían los pobres de cualquier color- y allí a golpe de tambor los pardos y morenos bailaban con un estribillo significativo: "cum-tango, caram-cum-tango: cum-tango, caram-cum-tan." Además, cuando iban a sus bailes decían "il a tocá tan-go".

En los barrios del sur de Buenos Aires, especialmente Monteserrat y San Telmo se concentraba la población de origen africano y también criollos o blancos pobres, donde había pulperías, fondines y prostíbulos a los cuales concurrían peones, reseros que traían ganado a la ciudad y otros trabajadores, además de maleantes y vagos. Se los llamó también "barrios del candombe" o "barrios del tambor" porque era la música más difundida en los bailes y por la fuerte presencia de ese instrumento. En el candombe las parejas bailaban sueltas; para dar origen al tango, a ese baile originario se unen otras influencias:

- La milonga campera con guitarra que traen los arrieros desde el campo junto con el ganado para los mataderos y se van juntando con los habitantes de los barrios del sur.

- Hacia 1860 irrumpe la habanera, traída por los marineros que hacían viajes entre Buenos Aires y Cuba llevando tasajo o charqui. Lo nuevo es que las parejas bailan enlazadas.

- El fandango español que incluye la flauta y a veces el violín mezclados con instrumentos de percursión y guitarras.

Esta conjunción dará origen a los primeros tangos, generalmente compuestos y ejecutados por negros o mulatos, aunque también en menor medida por algunos orilleros.

Hacia 1871 ya estaban dados todos los elementos, incluso la incorporación del bandoneón. Se dice que en la Guerra del Paraguay el negro José Santa Cruz (padre de Domingo y Juan, otros dos grandes bandoneonistas) animaba a las tropas tocando ese instrumento: fabricado en Europa en 1850 por el alemán Henrich Band, fue traído a Buenos Aires por algunos marineros. Hacia esa época el negro Casimiro y el mulato Sinforoso hicieron conocer sus tangos (usando violín y clarinete, además de guitarras) y se los consideraba grandes compositores. También era negro el "último payador" Gabino Ezeiza, conocido militante del radicalismo bajo el liderazgo de Hipólito Yrigoyen, a quien acompañaba en sus campañas proselitistas. Paradójicamente muere en 1916, cuando Yrigoyen gana las primeras elecciones libres de la historia del país.

> A partir de 1770/1780 el cambio de la población argentina fue decisivo. Entre 1865 y 1879 la oligarquía porteña lleva adelante tres grandes genocidios em áreas de alta densidad de indígenas, negros, mestizos y mulatos:
> - Hacia 1865 la represión de los movimientos federales en el noroeste.
> - Entre 1865-1870 la Guerra del Paraguay en el nordeste.
> - Em 1879 la llamada Conquista del Desierto en el sur.
> - A ello se suma en 1871/1872 la epidemia de peste amarilla en Buenos Aires, que mata a gran parte de la población pobre de la ciudad y en particular a los afrodescendientes.
>
> Desde mediados de la década de 1870 comienza la inmigración masiva de europeos. Si bien en su gran mayoría eran pobrísimos y analfabetos, tenían a su favor el color de la piel y, gracias al sistema educativo, en una o dos generaciones fueron perteneciendo a las clases medias y tratando de borrar su passado de miseria en Europa, los viajes en tercera clase en los barcos, los hoteles de inmigrantes, los conventillos, las uniones ilegales. En un comienzo, muchos de ellos vivieron en San Telmo y Montserrat (los ricos habían dejado ese barrio después de la peste de fiebre amarilla y construyeron nuevas residencias en Barrio Norte) y allí adoptaron, entre otras costumbres, el tango.
>
> Después de 1880 el tango deja de ser un ritmo negro con rasgos de alegría para transformarse en una música melancólica de inmigrantes, del bajo fondo y de prostíbulos. Es entonces cuando la influencia negra pierde fortaleza y comienza poco a poco el mito de la Argentina blanca: sucede que a principios del siglo XX, debido a las matanzas de nativos y a la magnitud de la inmigración, el 60% de la población era de origen extranjero, principalmente italianos y españoles, además de rusos, judíos, sirio-libaneses, armenios y otros. Recién en 1912, cuando el tango alcanza un inesperado éxito en París y después en Inglaterra o Rusia, las clases acomodadas de la Argentina lo incorporan como una música decente.

Fonte: Corrêa (2006).

Tango

> m. *Amé*. Baile argentino, bonaerense, de movimiento lento, de música melódica y síncopas frecuentes, que se ha difundido por toda América y Europa desde 1915. | La letra que se canta con esta música. | *Col*. Hojas de tabaco arrolladas que forman como una cuerda que se corta en trozos para mascar. | *Cub*. y *Chi*. Baile de ínfima clase. | *Hon*. Instrumento músico similar a la **marimba**.| *Col*. y *Pue*. *Del tingo al TANGO y del TANGO al tingo*. De Herodes a Pilatos. | adj. *Méx*. Rechoncho.

Fonte: Morínigo (1998).

> **tango**. (Voz americana.) m. Fiesta y baile de negros en América. 2. Baile popular en México. 3. Baile argentino, difundido internacionalmente, de pareja enlazada, forma musical binaria y compás de dos por cuatro. 4. Música de este baile y letra con que se canta. 5. *Hond*. Instrumento músico indígena.

Fonte: *Gran Espasa Ilustrado* (1997).

Antes de iniciarmos a atividade de compreensão, é importante ressaltarmos alguns aspectos do gênero verbete. Segundo Dionisio (2010), com base na definição de Hoey (2001), os dicionários, as enciclopédias, os glossários, suportes possíveis para tal gênero, seriam colônias discursivas, e nove seriam as características principais, ainda segundo o mesmo autor, de um texto colônia:

1. o significado não se deriva de uma sequência;
2. as unidades adjacentes não formam uma prosa contínua;
3. não há um *frame* contextual;
4. não há um autor individual identificável;
5. um componente pode ser usado em referência aos demais;
6. os componentes podem ser reimpressos ou reutilizados em trabalhos subsequentes;
7. os componentes podem ser acrescentados, removidos ou alterados;
8. muitos componentes podem servir à mesma função;
9. há uma sequência alfabética, numérica, ou temporal (Dionisio, 2010, p. 136).

Além disso, Dionisio (2010, p. 138) explica que, ao analisar o discurso oral em aula universitária, Alves (1993) identifica características do gênero verbete também. Nessa análise, foram levantadas algumas definições para o uso do verbete, entre as quais a definição sinonímica, a analítica ou lógica, a sintética e a denotativa. A sinonímica representa a substituição de um elemento por outro; a analítica traz um termo definido por "um elemento genérico e seus traços específicos"; a sintética, além de tratar dos traços específicos, traz também a "apresentação de elementos que estabelecem com tal termo variadas formas de relações"; e, por fim, a denotativa explora o uso de exemplos para se aproximar da definição desejada.

No contexto dessa atividade, vamos explorar o gênero verbete em dicionário e enciclopédia. No entanto, sua principal construção e discussão ocorrerão com base no suporte livro de fotografia. Assim como Dionisio

PODERÃO OS GÊNEROS DISCURSIVOS INVADIR NOSSAS AULAS?

(2010, p. 142), identificamos que tal gênero discursivo "extrapola as barreiras dos dicionários e das enciclopédias" e reconhecemos que é importante que os alunos percebam que as práticas discursivas permitem que os gêneros ampliem as fronteiras de usos mais comuns e óbvios dos suportes e possibilitem a criatividade dos interlocutores ao se utilizar da linguagem.

> A seguir, estão algumas atividades de compreensão leitora em espanhol. Após cada atividade, há comentários que explicam sua relação com a teoria discutida.

1) Lee el texto 1 y circula las informaciones verdaderas:

a) El texto muestra la influencia de la cultura negra en una danza tradicional de Argentina.
b) Sabemos sobre la actualidad del tango en Argentina.
c) El texto hace un recorrido histórico sobre los orígenes de una danza típica de Argentina.
d) El tango no sufrió influencia de otras danzas.

O objetivo dessa atividade é proporcionar aos alunos uma reflexão sobre as informações que podem constar em um verbete de ritmo musical. Nesse caso, são informações que dizem respeito à história do ritmo, com organização de datas e, inclusive, sobre outros ritmos musicais que influenciaram sua origem. Além disso, pode-se debater sobre as influências culturais que marcaram o tango e se os alunos possuíam a noção de que as influências africanas haviam sido tão representativas na construção desse ritmo.

2) Aun sobre el texto 1, relaciona las columnas en parejas. Después, compara tus respuestas con otras parejas.

a) Angola, Benguela, Lubolos   ( ) Barrio de Concepción
b) Montesserat y Concepción   ( ) Naciones
c) Mondongo   ( ) Instrumentos utilizados en los bailes de tango

d) Candombe, milonga, habanera, fandango

e) Bandoneón, violín, clarinete, guitarra

( ) Barrios de Buenos Aires

( ) Ritmos que influenciaron el tango

Os alunos, nessa atividade, poderão ser auxiliados na compreensão lexical dos instrumentos e dos ritmos que influenciaram o tango e, além disso, na compreensão da influência negra na constituição do ritmo. Ou seja, esse exercício apresenta a importância tanto do aspecto vocabular quanto cultural para a produção do gênero verbete.

3) Elige dos de las fechas siguientes y explica su relación con la historia del tango presentada en el texto 1.

1880   1912   1812   1860   1871-1872

Com a investigação específica de duas datas, os alunos terão a oportunidade de retomar a leitura e aprofundá-la. Mais uma vez, eles verão que é possível a utilização de dados históricos na produção de um verbete. Ademais, no momento da correção, é importante comentar cada uma das datas para aclarar a compreensão textual. A data de 1871-1872, por exemplo, explica um dos motivos de a população negra ter número tão reduzido na Argentina na atualidade. E tanto a data de 1880 quanto a de 1912 esclarecem como o tango, aos poucos, foi perdendo suas marcas de influência africana e se tornando europeizado.

4) Lee el segundo párrafo del texto 1 y subraya cuáles tipos textuales son más significativos para la construcción textual:

Argumentación   Narración   Descripción   Exposición   Instrucción

Para essa atividade, talvez seja necessário que os professores verifiquem o conhecimento prévio dos alunos sobre os tipos textuais. Na lousa, então, eles podem, com o auxílio da classe, escrever quais seriam os princípios básicos de cada um dos tipos citados. É sempre importante reforçar, ainda, que tipo textual é diferente de gênero discursivo.

Como Marcuschi (2008, p. 154-155) nos explica, os tipos textuais abrangem seis categorias: "narração, argumentação, exposição, descrição, injunção"; por sua vez, os gêneros são muitos (verbete, romance, poema, piada, edital, entre outros). Além disso, um mesmo gênero discursivo pode ser constituído por diferentes tipos textuais. No caso do segundo parágrafo do texto 1, prevalecem os tipos exposição, descrição e narração.

Ao considerar os aspectos que ressaltamos elementos importantes para o trabalho do ensino da Língua Espanhola na perspectiva dos gêneros discursivos (suporte, esfera discursiva, identidade do[s] emissor[es] e do[s] receptor[es], finalidade, tema, tipo textual e estrutura composicional do gênero), as atividades propostas até aqui acabaram por explorar mais a estrutura composicional, o tipo textual e o tema do gênero lido. Na sequência, com o acréscimo de dois outros verbetes, pretendemos uma reflexão e discussão a respeito dos outros itens essenciais para entender o funcionamento do verbete.

5) Lee los textos 2 y 3 y compáralos con el texto 1:
a) ¿Qué informaciones están en el texto 1 y no están en el texto 2?
b) ¿Qué informaciones están en el texto 1 y no están en el texto 3?
c) ¿Qué informaciones nuevas trae el texto 2?
d) ¿Qué informaciones nuevas trae el texto 3?

O exercício 5 objetiva sensibilizar os alunos para que percebam as diferenças mais óbvias entre os três verbetes.

Estas seriam: o texto 2 não menciona a influência africana na constituição do tango; o texto 3, por sua vez, menciona tal influência mas sem fazer um apanhado histórico. Além disso, o texto 2 acrescenta aspectos morfológicos para o entendimento da palavra "tango". Neste exercício, é possível explorar que diferentes suportes possibilitam uma organização diferente para o gênero discursivo. Assim, por haverem sido publicados em um dicionário e em uma enciclopédia, respectivamente, os textos 2 e

3 trazem informações diferentes sobre o mesmo termo, e a construção textual também ocorre de maneira diferenciada.

6) Contesta las preguntas siguientes en parejas. Después, discute tus ideas con otra pareja.

a) ¿Por qué les parece que los tres textos, aunque representen el mismo género discursivo, organizan las informaciones sobre el tango de manera diferente?
b) ¿Por quién y para quién les parece que el texto 1 fue escrito? Justifica.
c) ¿Cuál de los textos sería más comúnmente encontrado en el espacio escolar para representar el género entrada? Justifica.
d) ¿Cuál de los textos les parece más completo si buscáramos informaciones sobre aspectos gramaticales? ¿Por qué?
e) ¿Cuál de los textos se asemeja más al que ya has producido sobre el ritmo musical? Justifica.

Para finalizar, o exercício 6 tem como objetivo promover uma reflexão sobre a esfera discursiva, da identidade do(s) emissor(es) e do(s) receptor(es) e da finalidade da produção dos três verbetes. Como se trata de uma atividade que, provavelmente, vai requerer mais atenção e reflexão por parte dos alunos sobre a construção do gênero, o conteúdo foi proposto para ser feito em pares e, na sequência, corrigido em pares, antes da averiguação com a classe. Além disso, essa atividade foi proposta como conclusão do processo de compreensão textual.

Espera-se que os alunos consigam perceber que tanto o dicionário quanto a enciclopédia fazem parte de esfera discursiva muito parecida, já o livro de fotografias diverge quanto ao aspecto da construção do gênero. O mesmo ocorre em relação à identidade de emissores e receptores; para o dicionário e a enciclopédia, essas identidades são muito parecidas, mas, para o livro de fotografias, serão, provavelmente, diferentes. As variações referentes a esses itens que compõem o gênero verbete podem ser justificadas pela finalidade de cada um dos textos. Nesse caso específico, o livro de fotografias tem a finalidade de recuperar as raízes africanas na história argentina por meio de imagens.

> Pero este no es un libro de historia, es un libro de imágenes que -como tantas veces dijo- a veces valen más que mil palabras. Son fotos de antes y de ahora, hechas por profesionales y por aficionados; fotos sueltas o alguna vez perdidas y fotos de grandes momentos; de gente conocida y de desconocidos. Lo que las reunió en estas páginas es el hecho de reflejar y documentar la vida de africanos y afrodescendientes durante muchas décadas, de chicas y muchachos, niños y niñas negros, solo o en grupos, argentinos (Gomez, 2006, s.p.).

Após a apresentação, a explicação e a discussão das atividades, ainda se faz necessário tecer mais um comentário. É de extrema importância a seleção de textos adotados para nossas aulas de Espanhol, pois precisamos considerar os interesses de nossos alunos e suas necessidades de aprendizagem, a variedade de gêneros discursivos, a variedade de países hispano-falantes, entre outros. E, em concordância com as Ocem (Brasil, 2006), os temas que debatemos por meio do estudo dos diversos gêneros discursivos precisam possibilitar reflexões sobre a sociedade de maneira geral e ampliação de visão de mundo.

No que se refere à ampliação de visão de mundo, tratemos, então, das identidades e culturas nas aulas de Espanhol.

II

De que Espanhol estamos falando? Identidades e culturas nas aulas de Língua Espanhola

A preocupação com os aspectos culturais e a diversidade cultural, como discutido em capítulo anterior, pode ser considerada recente na história do ensino de LE. Se nos voltamos para as metodologias que mais marcaram as práticas docentes nos últimos anos, constatamos que ora focaram a estrutura (método audiolingual, método audiovisual), ora focaram funções comunicativas (abordagem comunicativa), sem desprezar os aspectos culturais, mas sem necessariamente atentar para a importância da cultura, da diversidade cultural, das identidades nos processos de ensino-aprendizagem da LE.

> Neste texto, contei com a colaboração da professora doutora Ione da Silva Jovino e da professora pós-doutora e Ph.D. Aparecida de Jesus Ferreira.

A ampliação dos temas na área da linguística, principalmente no que se refere ao conceito de variação linguística e de identidade, possibilitou uma perspectiva de língua mais abrangente, a qual incorporou a cultura como seu elemento constituinte. A partir do momento em que a cultura passa a compor o conceito de língua, então os debates sobre como ensinar cultura e por que ensiná-la se tornam foco das discussões.

Para o caso da Língua Espanhola, há alguns pontos que são peculiares e extremamente significativos quando consideramos o ensino dessa LE e seus aspectos culturais. Trata-se de um idioma falado em 21 países, dos quais um está no continente africano, outro no continente europeu e os demais no continente americano. Vale citar que os países localizados no continente americano, além da influência europeia, uma vez que sofreram processo de colonização pela Espanha, no século XX, passaram por intensa onda imigratória e são marcados pelas heranças indígena e africana.

Em países como a Bolívia, o Equador, a Guatemala e o Peru, a população indígena, por exemplo, "equivale, e pode até superar, à dos indivíduos não indígenas" (Urquidi; Teixeira; Lana, 2008, p. 200). Quanto à população afrodescendente, em investigação que considerou os Censos de 2000 a 2010 nos países latino-americanos (Cruces; Domench; Pinto, 2012), a preocupação dos governos em promover recenseamentos que permitissem revelar dados sobre os habitantes afrodescendentes é recente. Ainda de acordo com tal pesquisa, a Colômbia, o Panamá e o Uruguai contabilizaram entre 8% e 10% de afrodescendentes. A Argentina e a Venezuela não apresentaram número de população afrodescendente. E a Bolívia, o Chile, o Paraguai, o México e o Peru não incluíram perguntas que possibilitassem identificar seus habitantes com ancestrais africanos.

Portanto, para o caso do idioma espanhol, percebemos que o trabalho com a cultura e a diversidade cultural é complexo e permite ampliar as perguntas sobre como ensinar cultura e por que ensiná-la. Além dessas perguntas iniciais, nos cabe também questionar: qual(is) cultura(s) ensinar?

Ao retomarmos as discussões sobre cultura tratadas em capítulo anterior, para a área de LE, o conceito de cultura ganhará significados diversos. Um deles é que não se pode compreender cultura como algo imutável e acabado. Por exemplo, pensamos nas tradições, as quais existem e são válidas; no entanto, ainda a manifestação mais tradicional é passível de transformação, pois, ao produzir cultura, os seres humanos têm o poder de mudá-la. Nesse sentido, a superação dos estereótipos é necessária, uma vez que congelam as pessoas em formas únicas, conclusas, o que não é verdadeiro e, pior, o que não possibilita crítica.

Outro aspecto referente à cultura na área das LEs é que ela é construída por humanos, e o ser humano é diverso, múltiplo, complexo, o que faz que a cultura dos países de língua espanhola, consequentemente, também o seja. Assim, não podemos afirmar que há uma ou a cultura boliviana; são muitas as culturas bolivianas, sendo fortemente marcadas por populações indígenas. Da mesma forma, há muitas culturas colombianas, as quais, com registros variando entre 8% e 10% de afrodescendentes, conseguiram o ineditismo de criar a Língua *Palenque*.

Além disso, o conceito de cultura relaciona-se ao das identidades sociais (raça/etnia, gênero, sexualidade e classe), o que amplia os temas para os currículos das LEs, por exemplo, o professor tratar de raça/etnia e racismo ao ensinar Espanhol.

Por fim, considerando que o Brasil apresenta leis para todos os níveis da Educação em que as culturas africanas (Lei n. 10.639/2003) e indígenas (Lei n. 11.645/2008) precisam ser incorporadas aos currículos das diversas disciplinas, torna-se fundamental debater sobre como o idioma espanhol pode contribuir para esse enriquecimento curricular.

A seguir, sugerimos algumas atividades para o trabalho dos aspectos culturais e identitários no gênero verbete (já abordado no capítulo que aprofundou a relação teórico/prática para o ensino de Espanhol na perspectiva dos gêneros discursivos).

No texto "El tango", ao abordar sobre a origem dos primeiros tangos, menciona-se que "geralmente compuestos y ejecutados por negros o mulatos, aunque también en menor medida por algunos arilleros". A partir desse extrato do texto, os professores podem iniciar um debate sobre os aspectos culturais que marcam essa leitura. Esse debate pode ser feito por meio de perguntas para toda a sala responder em conjunto e oralmente.

A pergunta para os alunos seria: "¿Ustedes conocían el origen africano del tango?"

Os professores também podem explorar questões referentes às pessoas que eles veem representadas quando há imagens e figuras de dançarinos de tango.

Em seguida, os docentes podem sugerir que os alunos tragam reflexões que se aproximem de suas práticas sociais e no contexto do País, como seguem:

1) En parejas, contesten oralmente las cuestiones siguientes. Después, discutan con todo el grupo:

a) ¿En Brasil, tenemos un ritmo de danza y música que tiene las mismas características del tango y que nosotros, brasileños, podríamos decir que es muy representativo en Brasil?
b) ¿Cuáles serían las danzas y ritmos musicales y en cuáles regiones de Brasil estarían ubicados?
c) ¿Cuáles son las representatividades de los grupos étnico-raciales de las danzas y ritmos musicales mencionados?

A partir das respostas anteriores, os professores podem pedir que os alunos identifiquem no texto "El tango" quais são as similaridades do estilo de danças e ritmos das músicas citadas no texto com os ritmos de dança e da música mais populares no Brasil.

Com esta introdução ao debate sobre a origem africana do tango e sua comparação com ritmos e danças no contexto nacional, passamos ao aprofundamento de alguns termos que aparecem no texto e que podem revelar ainda mais sobre os aspectos culturais. Entre esses termos, estão as palavras *"criollo"* e *"candombe"*.

2) Lee el trecho siguiente y haz los ejercicios:

> En los barrios del sur de Buenos Aires, especialmente Montserrat y San Telmo se concentraba la población de origen africano y también criollos o blancos pobres, donde había pulperías, fondines y prostíbulos a los cuales concurrían peones, reseros que traían ganado a la ciudad y otros trabajadores, además de maleantes y vagos. Se los llamó también "barrios del candombe" o "barrios del tambor" porque era la música más difundida en los bailes y por la fuerte presencia de ese instrumento.

a) Relee el trecho y contesta las preguntas:

"En los barrios del sur de Buenos Aires, especialmente Montserrat y San Telmo se concentraba la población de origen africano y también criollos o blancos pobres".

- ¿Cuál es el significado del término "criollos" en el contexto al cual se refiere el texto?
- Compara el significado encontrado con el uso del término en Brasil en los siglos XVII y XIX, utilizándote del texto siguiente.

> O contingente incalculável de africanos introduzidos no Brasil na condição de escravos até meados do século XIX tem levado os pesquisadores da escravidão a privilegiarem, com toda razão, o estudo desse segmento populacional. A ênfase voltada aos africanos e ao tráfico não deve, entretanto, eclipsar a existência de seus descendentes coevos, os crioulos, nascidos e formados sob um regime de escravidão. No Paraná, nas primeiras décadas do século XIX, eles constituíam maioria em contrapeso. Nesse artigo, objetiva-se mostrar quão significativos numericamente eram os crioulos no Paraná.
> Fonte: Gutiérrez (1988).

b) Marca las alternativas que pueden ser consideradas verdaderas:

( ) Los dos términos hacen referencia al sitio de nacimiento de las personas.
( ) Solamente en el caso de los descendentes de europeos el lugar de origen de los padres ayuda en la definición de los hijos como criollos.
( ) Solamente en el caso de Brasil podemos afirmar que el término y su uso surgieron en un contexto de dominación de un grupo sobre otro, en el caso la esclavitud.
( ) En los dos contextos, el término tiene uso peyorativo, que subordina al grupo así denominado.
( ) El uso del término en los dos contextos y períodos es exactamente el mismo.

- ¿Qué otros tipos sociales se mezclaban a los de origen africano y a los criollos en los barrios periféricos de Buenos Aires?
- ¿Podemos decir que estos barrios abrigaban a los grupos de personas más o menos prestigiados socialmente? ¿Por qué?

3. Observa el trecho siguiente:

> Nos últimos anos da década de 1920, um terremoto de efeito prolongado abalou, de alto a baixo, a música popular brasileira. Seu epicentro foi o Bairro de Estácio de Sá, encravado entre o Morro de São Carlos e o Mangue, nas proximidades da zona central do Rio de Janeiro. Reduto de gente pobre, com grande contingente de pretos e mulatos, era um prato cheio para as associações que normalmente se estabelecem entre classes pobres e "classes perigosas". Daí viverem cercados de especial atenção por parte da polícia. [...] Berço do novo samba urbano, o Estácio não terá, todavia, exclusividade no seu desenvolvimento. Quase simultaneamente, o "samba carioca", nascido na "cidade", iria galgar as encostas dos morros e se alastrar pela periferia afora, a ponto de, com o tempo, ser identificado como "samba de morro".
>
> Fonte: Paranhos (2003).

a) Completa la tabla con las informaciones pedidas:

	Tango	Samba
Barrios donde nació		
Personas que vivían en esos barrios		

b) Observa y rellena los espacios con el nombre de los dos ritmos que estamos estudiando:

Barrios donde nació el tango	Samba nacido en los barrios
Barrios del candombe o barrios del tambor	Samba de "morro"

Podemos decir que en el caso del _____ los barrios donde el ritmo se originó recibieron designaciones relacionadas a ese ritmo.

Por otro lado, el ritmo que conocemos como _____ recibió una cualificación relacionada a los sitios por donde se propagó.

c) ¿En los dos casos se puede afirmar que el espacio geográfico y las personas que lo habitaron determinaron el nacimiento de los ritmos musicales? Justifica tu respuesta.

4. Lee la explicación sobre "mesa redonda" y, después, sigue las orientaciones para preparar una en grupo:

Mesa-redonda

Esse é um gênero oral formal que combina leitura em voz alta, exposição oral e debate. É a reunião de um grupo de pessoas para discutirem entre si um tema específico e definido anteriormente, ao mesmo tempo que apresentam a determinado público tal discussão. Para a realização desse exercício, serão necessários os seguintes elementos:

a) Pelo menos dois(duas) interventores(as) ou expositores(as). Cada integrante deve apresentar um ponto de vista sobre o mesmo tema. De preferência, que tenha alguma coisa diferente um do outro.

b) Um moderador ou moderadora, que apresenta os participantes, o tema da mesa e da fala de cada interventor(a). Também apresenta as regras, por exemplo, tempo de fala de cada um, como o público poderá fazer perguntas, apresenta as perguntas e dúvidas da plateia, faz a mediação do debate e o encerramento da mesa, agradecendo aos participantes.

Fonte: Adaptado de: Faraco; Moura; Maruxo Júnior (2012, p. 344-345).

Preparación

Tema: "Cultura diferente, cultura de lo diferente"

El punto de partida puede ser la observación de las cuestiones del término "candombe", presente en la entrada sobre el tango. Observa que los barrios donde el tango fue creado podrían también ser nombrados por un instrumento de origen africano, un tambor, llamado de "candombe". Las entradas abajo deben ser consultadas para obtener otros significados de candombe.

Candombe

Batuque, dança de negros. Em Minas Gerais, uma das guardas da fraternidade de Nossa Senhora dos Rosários e dos Santos Pretos. Do quimbundo *Kiambdombe,* 'negro'.

Fonte: Adaptado de: Lopes (2012, p. 72).

Candombe

Dança de rua de origem africana, típica da Bacia do Prata, executada pelas *comparsas* de negros, ao som de seis ou mais tambores, com coreografia e cerimonial definidos, com o cortejo de cada agremiação sendo presidido por seus respectivos reis e rainhas. Em Montevidéu, na segunda metade do século XIX, os principais candombes eram os Congos Africanos. Em Buenos Aires, após forte repressão antinegro, em 1870, o candombe passou a ser praticado, como reminiscências, por jovens brancos maquiados de preto.

Fonte: Adaptado de: Lopes (2004, p. 161-162).

Candombe

Folganças de negros nas fazendas. Espécie de batuque com música e dança. Tambor usado nesse folguedo.

Fonte: Houaiss; Villar (2001, p. 595).

Candombe

Baile grosero y estrepitoso entre los negros de América del Sur. Tambor con que los negros acompañan este baile.

Fonte: Aristos (1999, p.149).

Com base nas definições, a classe pode ser dividida em dois grandes grupos. Um deles deve-se inspirar nas duas primeiras definições e buscar outras informações sobre o candombe. Também devem fazer anotações dos pontos relevantes para preparar a fala do debate e também as questões. Em seguida, o grupo deve eleger um ou dois representantes para participarem de uma mesa-redonda defendendo seus pontos de vista a partir das sínteses sobre o tema estudado, bem como da apresentação preparada.

O segundo grupo deve estudar as duas últimas definições. Também escolhem seus interventores ou expositores e preparam a apresentação. Esse grupo tem de estar atento para a última definição, começando seu trabalho pela consulta do significado dos adjetivos usados para definir o candombe: *grosero* e *estrepitoso*. Também deve ser orientado para uso do pronome como determinante para marcar quem são os negros, bem como a definição de seu local de origem, ou seja, a demarcação de que os negros são o "Outro". Para isso, é importante pesquisar o local de origem do dicionário consultado.

Para aprofundar o debate, ampliando o conhecimento sobre o *candombe*, ambos os grupos podem consultar os *sites* apresentados a seguir.

Sugestões de textos para o primeiro grupo

- O Candombe afro-uruguaio: "Por quem os tambores chamam".
  Disponível em: <http://www.geledes.org.br/o-candombe-afro-uruguaio-por-quem-os-tambores-chamam/#ixzz3kPzyHVeg>
- El candombe y su espacio sociocultural: una práctica comunitaria.
  Disponível em: <http://www.unesco.org/culture/ich/es/RL/00182> (Nessa página da Unesco, há também vídeos que podem ser assistidos.)

Sugestões de textos para o segundo grupo

- Historia del tango.
  Disponível em: <http://www.donquijote.org/cultura/argentina/tango/origenes>
- El nacimiento del tango.
  Disponível em: <http://www.hlmtango.com/notas/historia-del-tango/el-nacimiento-del-tango/>

Além de complementar as atividades de entendimento do gênero, somam-se aqui textos de outros gêneros. Estes servem para comparar os discursos, encontrando semelhanças e diferenças em termos temáticos, trabalhando a busca de elementos, de pesquisa e de subsídios para a preparação da apresentação oral.

Os aspectos culturais e as relações de poder entre grupos étnico-raciais também são ressaltados a partir dos ritmos musicais e danças. Pretende-se também colocar em xeque todo e qualquer discurso, visto que nada é produzido sem intencionalidade e sem presença das marcas de quem os produz. No caso, "nós" e "eles" podem ser vistos como opostos, a partir de um verbete que define uma expressão cultural.

Nessas questões, pretende-se ressaltar aspectos da história do Brasil que também se relacionam com os elementos históricos da Argentina. Nessa relação, ressaltam-se as discussões sobre os aspectos culturais e se estabelece um diálogo entre culturas, o que caracterizaria a interculturalidade.

Após a reflexão dos professores, sugeridas nas atividades anteriores, bem como a exploração do conteúdo, é chegada a hora de os alunos produzirem o próprio texto, semelhante ao artigo "El tango". Assim, chegamos ao momento de fechamento da SD, o qual representa a atividade de produção final por parte dos alunos (que, nesse caso, será proposta em grupos).

5. Elaboren una entrada de diccionario sobre una danza hispánica basándose en la lectura y discusiones a respecto del texto "El tango". Acuérdense que el origen cultural de una danza es un aspecto importante para la construcción de su definición.

Neste momento, o professor desafiará os alunos a fazerem a primeira versão da produção final sobre o gênero proposto. Após produzirem um exemplo do gênero, eles podem mostrar o resultado para outros grupos, para que esses possam fazer sugestões. Após essa etapa, o professor pode solicitar que os alunos refaçam as produções. Como a atividade propõe que o verbete seja a respeito de uma dança de origem hispânica, espera-se que os alunos pesquisem sobre danças de variados países cujo idioma oficial seja o Espanhol; inclusive, pode-se orientar que um ou mais grupos se detenham em danças de origem indígena. Assim, será possível abranger uma variedade de manifestações culturais no que se refere à dança.

Em seguida, o professor recolhe as produções e inicia a análise destas com sugestões (observa o que precisa ser melhorado nos textos produzidos pelos alunos), trabalhando as questões que considera relevantes. Por último, pede que os alunos refaçam os textos. Esse momento da reelaboração é importante para o professor explorar, coletivamente, o que foi observado em todas as produções. Assim, pode expor para todos os alunos as sugestões do que precisava ser mais bem trabalhado em todos os textos. Espera-se que a reescrita da produção final signifique um aprendizado coletivo.

Por fim, chega-se o momento da circulação do que foi produzido. Para que as produções sejam apreciadas por todos os alunos, o professor pode elaborar uma atividade. Assim, é possível sugerir que os alunos façam painéis com os textos produzidos, que gravem em seus celulares os textos produzidos e enviem como mensagem para os colegas.

Como conclusão, podemos constatar que percorrer o caminho da SD explorando os gêneros discursivos pode permitir um aprofundamento das questões culturais na perspectiva da interculturalidade. Nesse sentido, os estereótipos serão contestados e novas percepções da cultura do outro se configurarão, uma vez que o diálogo entre o eu e o diferente ocorrerá em uma perspectiva mais crítica.

A leitura e as atividades para aprofundar a compreensão a respeito do texto "El tango" ilustram essa superação dos estereótipos, tanto no sentido de se repensar as origens da dança, recuperando suas origens africanas, quanto no sentido de se visualizar como essa modalidade continua evoluindo e adquire uma batida mais eletrônica.

Além disso, o estudo da cultura traz um enriquecimento da compreensão de língua de forma mais ampla, reconhecendo que o conceito de língua implica relações de poder, de identidade, de variação, entre outros exemplos.

Na sequência, apresentaremos o capítulo sobre a inserção da Literatura no EM, o que vai ampliar ainda mais a discussão sobre a cultura e a interculturalidade nos processos de ensino-aprendizagem de Espanhol.

III

De que modo introduzir a Literatura nas aulas de Língua Espanhola no Ensino Médio?

Neste texto, contei com a colaboração da professora e doutoranda Gabriela Beatriz Moura Ferro Bandeira de Souza.

"Não quero ser culto, não ligo a mínima, o que me interessa, em relação à literatura, é experimentar uma emoção, sentir-me próximo das outras pessoas capazes de expressar pensamentos que posso ter" (Matoub, um dos jovens entrevistados por Michèle Petit em Os jovens e a leitura: uma nova perspectiva [2008], explicando seu interesse pela leitura de textos literários.)

"[...] a ficção feita palavra na narrativa e a palavra feita matéria na poesia são processos formativos tanto da linguagem quanto do leitor e do escritor. Uma e outra permitem que se diga o que não sabemos expressar e nos falam de maneira mais precisa o que queremos dizer ao mundo, assim como nos dizer a nós mesmos" (Cosson, 2014)

Este capítulo fará uma recapitulação com base nos PCNEM e nas Ocem sobre o ensino de Literatura nas aulas de LE no EM e de que modo este se relaciona com a teoria dos gêneros discursivos. Em seguida, serão abordados alguns aspectos mais específicos para tratar a Literatura em Língua Espanhola, por exemplo, a importância de estudar Literatura nas aulas de LE, a questão da diversidade nas manifestações literárias nessa LE, uma vez que é falada em mais de vinte países.

A Literatura é um eixo importante para tratar a interculturalidade, além de se revelar como um amplo espaço para atividades curriculares interdisciplinares. Assim, as discussões sobre o uso do texto literário nas aulas de LE abrangerão variadas perspectivas, como: cultural, política, histórica e estética. Por fim, algumas atividades com o trabalho com a Literatura em Língua Espanhola serão apresentadas e discutidas.

Iniciamos a discussão indicando que a introdução da Literatura nas aulas de Espanhol deve representar as literaturas de Língua Espanhola. Isso significa que sugerimos a abertura de muitas fronteiras: há vários países que falam esse idioma, há diversas formas de manifestações literárias em um mesmo país, há textos literários de diferentes épocas, bem como produções culturais de homens e mulheres, entre outros exemplos. Além disso, defendemos que inserir a Literatura em LE no EM é essencial para a construção dos conhecimentos de Espanhol, tão essencial quanto ensinar a conjugação do verbo considerado mais básico. Mas o que há de essência na inserção da Literatura nessas aulas?

Se buscamos respostas nos PCNEM (2000), na parte que trata dos conhecimentos de LE moderna, observamos que não há menção direta ao trabalho com a Literatura nas aulas de LE. O que se explica é que, em certos períodos da história, houve uma valorização do grego e do latim na literatura clássica e, em outros períodos, a valorização das LEs modernas. Ou seja, o estudo de idiomas foi compreendido como um meio de acesso à leitura literária. De maneira resumida, os pontos elencados nos PCNEM (2000), que podemos entender como diretrizes de inserção da Literatura nas aulas de LE, referem-se às competências de uso da LE no acesso a outras culturas, de análise dos recursos de expressão da linguagem verbal, de distinção das variantes linguísticas e da compreensão de que enunciados podem refletir maneiras de ser, pensar, agir e sentir de quem os produziu. Portanto, os PCNEM oferecem orientações mais gerais, sem aprofundar princípios teóricos, metodológicos ou didáticos, para o trabalho com a Literatura.

Por outro lado, se buscamos respostas nas Ocem (2006), especificamente no capítulo sobre conhecimentos de LEs, tampouco identificamos uma discussão a respeito da inserção da Literatura nas aulas. No entanto, encontramos uma expansão das orientações dos PCNEM e uma explicitação teórica e didático-pedagógica para abordar as práticas de leitura nas aulas de LE. No campo teórico, defendem-se as concepções de letramento e multiletramento. Ao se defender tais concepções, alguns princípios são evidenciados, como a construção de um senso de cidadania. Na parte didático-pedagógica, reforça-se o desenvolvimento da cidadania nas aulas, com o lançamento da seguinte questão: "Como trazer para Línguas Estrangeiras questões que podem desenvolver esse senso de cidadania?" (Brasil, 2006, p. 91).

O projeto de letramento almejado pelas Ocem (Brasil, 2006, p. 98--102), no que contempla as práticas de leitura, permite uma valorização da heterogeneidade e das manifestações culturais no uso da linguagem. Além disso, o documento propõe uma superação da divisão das quatro habilidades de ensino de LE, uma vez que, antes consideradas isoladamente, as habilidades de ler, falar, ouvir e escrever passam a ser compreendidas como de uso conjunto e complexo.

Por fim, as Ocem (2006) ainda sugerem um início de trabalho por temas para se explorar as habilidades; e o cuidado na seleção de textos, os quais devem ser autênticos, corresponder aos interesses dos alunos, favorecer uma reflexão a respeito da sociedade, ampliar a visão de mundo e não se limitar à classificação de texto em mais fácil ou mais complexo considerando a divisão de nível básico, intermediário e avançado.

Além disso, as Ocem (2006) apresentam um capítulo que aborda os conhecimentos de Espanhol. Nele, também não há menção direta à inserção da Literatura nas aulas. Apesar da ausência de reflexão sobre esse assunto, podemos inferir alguns aspectos teórico-práticos que nos permitem refletir sobre a questão. Entre eles, destacamos a necessidade de superar a aprendizagem de Línguas voltada exclusivamente à função da comunicação ou à perspectiva instrumental.

Para superar essas visões, o documento indica caminhos que apontam para o espaço da subjetividade no ensino, para o desenvolvimento do senso de cidadania e para o contato com o estrangeiro e suas culturas provocando exposição e reconhecimento do diferente e da diversidade, sem reduções simplistas. Além disso, a compreensão leitora é proposta como forma de promover a reflexão para além da decodificação, o que conduziria o aluno a um aprofundamento da leitura e interação com o texto lido, com o autor e com o contexto. Nessa perspectiva, o texto com seus sentidos precisará ser elaborado considerando as experiências pessoais e os conhecimentos prévios dos leitores.

Também vale destacar que, ao discutirem os objetivos educativos do ensino de LE, as Ocem (2006) enfatizam sua necessidade de interação com os conhecimentos promovidos pelas demais disciplinas, como forma de ampliar a visão de mundo dos estudantes. Além disso, o documento abre caminho para que os docentes e os demais responsáveis pela materialização do processo educativo possam realizar a adaptação das propostas ali formuladas e a seleção dos conteúdos utilizados em sua prática diária.

Na atualidade, diferentemente de outros períodos da história do ensino de LEs, sabemos que o estudo de idiomas não tem como foco a compreensão leitora voltada para a Literatura, o qual se ampliou muito e em diferentes direções. No entanto, apesar de considerarmos positiva essa ampliação de horizontes no ensino de LE, o tratamento dado à Literatura nas aulas de Espanhol precisa ser mais discutido teoricamente, sem deixar de abordar sugestões para a prática.

Assim, a partir dos tópicos das Ocem e dos PCNEM anteriormente elencados e considerando, sobretudo, a abertura à interdisciplinaridade e à valorização do trabalho realizado no cotidiano de cada comunidade – a partir do qual se leva em conta tanto a realidade local, como a dos atores envolvidos no processo educativo –, valorizamos em nossa reflexão o trabalho com o texto literário sob diversas perspectivas. Isso abrange a teoria dos gêneros discursivos e conceitos considerados centrais no ensino atual como: o de letramento e o de interculturalidade.

A discussão sobre a abordagem e o tipo de oferecimento que deve ser feito sobre o ensino de Literatura é ampla, seja em âmbito nacional ou internacional, seja em relação ao trabalho realizado na universidade (que implica a formação de professores), seja referente ao trabalho realizado no ensino básico (que incide diretamente sobre a formação global de nossos jovens).

As reflexões de Capdevila (1997); Retamoso (1997); Perrone-Moisés (2000); Cosson (2014); Todorov (2014) são de grande valor nesse sentido. Dadas as particularidades de cada um dos autores mencionados no tocante à abrangência ou ao direcionamento dado a essa questão, é importante citar que todos concordam em um ponto: o texto literário deve centralizar a aula cujo enfoque é o ensino de Literatura. E isso pode ser realizado não somente no ensino da língua materna (LM), mas também no de LE.

Integramo-nos a esse consenso sobre a posição central do texto literário no ensino de Literatura, recorrendo à significativa contribuição de Candido (1995) que, ao refletir sobre o direito de acesso à Literatura como parte integrante dos direitos humanos, aponta como seu principal argumento o fato de que ela nos humaniza e esse processo se desdobraria em vários sentidos.

Para esse autor, em sentido estrito, o trabalho com o texto literário nos tornaria mais capazes de organizar nossa mente e sentimentos e, por conseguinte, mais aptos a ordenar nossa visão de mundo. Em sentido mais amplo, o texto literário nos presentearia com um tipo de experiência vivencial que nos tornaria mais abertos e compreensivos para a natureza, a sociedade e para as particularidades presentes em cada ser humano.

Petit (2008), em estudo sobre os efeitos positivos da prática da leitura entre os jovens de regiões rurais e/ou periféricas francesas, aproxima-se do pensamento de Candido ao enfatizar a importância de saber nomear nossas vivências e recordar as consequências do pouco domínio dessa habilidade:

> *Quando se é privado de palavras para pensar sobre si mesmo, para expressar sua angústia, sua raiva, suas esperanças, só resta o corpo para falar: seja o corpo que grita com todos seus sintomas, seja o enfrentamento violento de um corpo com outro, a passagem para o ato* (Petit, 2008, p. 71).

Embora os dois autores não estejam se referindo exatamente à mesma questão (Candido pensa o direito de acesso à Literatura, enquanto Petit reflete sobre a questão da leitura em si), aproveitamos a confluência de ideias entre ambos para ressaltar um primeiro aspecto em defesa do trabalho com o texto literário na aula de LE: o domínio da linguagem e sua consequente e essencial influência na construção de nossa individualidade. Esse é o ponto em que retomamos nosso diálogo com as Ocem (2006) quando criticam o privilégio à comunicação em detrimento da consideração da complexidade do papel da linguagem e do lugar da subjetividade no processo de ensino-aprendizagem de LE no EM.

Não seria o texto literário um importante recurso para trabalhar questões linguísticas (como o léxico, as estruturas sintáticas, entre outros exemplos) e, ao mesmo tempo, ampliar a proposta de leitura de modo que os variados significados construídos a partir desse texto levassem os estudantes ao exercício da reflexão sobre o processo de construção de sua identidade, a qual se dará, entre outros, também pela experiência da confrontação com a "alteridade, diversidade e heterogeneidade" (Brasil, 2006, p. 129)?

Vale ressaltar que não defendemos o ensino de Literatura como disciplina diferenciada das aulas de LE, mas como um recurso que pode ser ampliado para além do pretexto do trabalho puramente linguístico e, acima disso, como uma das formas de atender à orientação sobre a complexidade e a subjetividade que o estudo de LE deve compreender.

Como observamos pelas indicações presentes nos PCNEM (2000) e nas Ocem (2006), entende-se hoje que o aprendizado de uma LE vai muito além da prática da comunicação. O conhecimento adquirido a partir da LE, como havia sido mencionado, amplia nossa capacidade de linguagem de modo geral e, por conseguinte, nossa visão de mundo.

Aqui, recorremos mais uma vez a Petit (2008, p. 71), "a linguagem não pode ser reduzida a um instrumento, tem a ver com a construção de nós mesmos como sujeitos falantes". Assim, nós nos questionamos: não poderia ser a Literatura expressão máxima do mais elevado e do mais baixo da natureza humana, uma essencial via de acesso para atender ao propósito de auxiliar nossos jovens a se constituírem como sujeitos e, portanto, protagonistas na construção da própria identidade?

No que se refere ao trabalho interdisciplinar, a atividade com o texto literário em aula de LE pode se desdobrar em variadas possibilidades. Em primeiro lugar, no atendimento a possíveis relações previamente estabelecidas no planejamento curricular estabelecendo diálogo com as mais diversas disciplinas – o aspecto descritivo de determinados trechos de obras narrativas, por exemplo, pode ser relacionado aos conteúdos de disciplinas como a Geografia, em que os espaços físicos característicos de cada região são temas significativos ao conhecimento oferecido por tal matéria.

Assim, por exemplo, uma descrição do Pampa argentino citado em uma obra em língua espanhola pode gerar um interessante trabalho. Neste, a partir de uma ampliação linguística, poder-se-ia caminhar em direção a um conhecimento específico da disciplina trabalhada em parceria, enriquecida por meio de um projeto de aprofundamento da cultura *gaucha* e de suas relações com a Região Sul do Brasil.

O estudo de Literatura na aula de LE pode também se aliar à proposta do trabalho com temas específicos, de acordo com os interesses e as necessidades de cada comunidade. Desse modo, a seleção dos textos literários pelos professores de LE atenderia à necessidade de reflexão sobre determinado tema, como violência, sexualidade ou até mesmo a incidência de uma epidemia, como foi o caso da provocada pelos vírus H1N1 e H2N2, bem como pelos vírus da dengue, zica e chicungunha que, nos períodos de muito calor, surpreendem negativamente os habitantes de determinadas regiões do País.

No entanto, mais do que um diálogo com as demais disciplinas, é essencial que a presença da Literatura na aula de LE se construa em uma relação interdisciplinar próxima com o trabalho desenvolvido com o texto literário em LM, de modo que o labor realizado em uma disciplina dê suporte ao processo pedagógico desenvolvido em outra.

É importante frisar que isso deve ocorrer a ponto de os alunos perceberem que o contato com o texto literário, mais do que informações sobre contexto histórico, características de tendências estéticas divididas nestas ou naquelas periodizações e dados biográficos de autores, pode lhes dar acesso a todo um mundo erigido a partir das palavras e, por meio desse contato, descobrir quanto esse compartilhamento de ideias que envolve a tríade autor-leitor-sociedade pode proporcionar-lhes uma ampliação de pontos de vista e o consequente sentido de pertencimento à comunidade humana tanto em nível local como global.

Cosson (2014, p. 12) vai ainda mais longe com relação a essa questão ao defender que o objetivo máximo de um projeto de letramento literário seria a busca da formação de uma "comunidade de leitores que, como toda comunidade, saiba reconhecer os laços que unem membros no espaço e no tempo".

> Partindo do conceito de letramento tal como o define Soares (1998), isto é, como a apropriação da escrita intimamente relacionada às práticas sociais e não apenas como aquisição das habilidades de leitura e de escrita, tal como a alfabetização é concebida, Cosson (2014) afirma que o letramento literário teria uma configuração diferenciada dada a particularidade da linguagem literária e que, portanto, seu desdobramento promoveria não apenas uma dimensão particular da utilização social da escrita como significaria um modo de assegurar seu efetivo domínio.

Dessa ação conjunta entre LM/LE, pode surgir um trabalho em várias perspectivas, como a dos gêneros discursivos, levando-se em conta sempre a particularidade dos gêneros literários. Nesse sentido, cartas pessoais, bilhetes ou notícias de jornais fictícias, presentes em textos literários, podem ser utilizados em sentidos diversos. De um lado, podem representar o pontapé inicial para o trabalho com representantes autênticos do gênero em foco tanto na construção do conceito do tema, como "tipos relativamente estáveis de enunciados" (Bakhtin, 2003, p. 262), quanto no delineamento de seu conteúdo temático, de sua forma composicional e de seu estilo.

De outro, pode-se partir de um tópico em particular da teoria bakhtiniana, como o estilo, para abrir caminho para a leitura de elementos presentes na linguagem da obra em estudo que relacionem texto e contexto, como a época de sua escrita e o tempo representado na obra, ou o local de sua produção e o espaço criado na obra, por exemplo. Um trabalho mais aprofundado nessa perspectiva seria significativo, sobretudo, por deixar de lado o artificialismo dogmático muitas vezes presente nas aulas de história literária em que tal periodização é geralmente imposta pela teoria em exposição e não construída a partir do estudo de um texto representativo do período.

Além disso, a discussão sobre a presença de um bilhete ou de uma carta pessoal em um texto ficcional poderia ser uma excelente oportunidade para o entendimento de conceitos considerados muito teóricos pela maioria dos alunos como o de verossimilhança, por exemplo. Dando um passo além, a discussão sobre a verossimilhança poderia ser ampliada a partir da avaliação de sua relevância em obras que se aproximam ou se distanciam do diálogo com o real concreto e sua consequente relação com a tendência artística/literária com a qual são identificadas.

Com relação ao trabalho com gêneros especificamente literários, essa parceria entre ensino de LE e de LM pode ainda ser mais interessante. A amplitude e a abrangência do conteúdo proposto para o ensino de LM que, além de Literatura, deve englobar a abordagem gramatical da língua em seu diálogo direto com a construção dos sentidos nos diversos enunciados orais ou escritos e a produção textual, também em sua modalidade oral e escrita, impossibilitam o aprofundamento de determinados conceitos ou gêneros discursivos cujo conhecimento mais íntimo ampliaria as habilidades de leitura dos estudantes.

É o caso do poema, por exemplo. Muitas vezes, determinada ordenação dos conteúdos propostos no material didático em uso e/ou a pressa dos professores de LM em cumprir seu apertado cronograma leva-os a realizar um trabalho fragmentado em que a apresentação de um gênero essencial como o poema em um capítulo de produção textual não se conecta com a leitura de representantes do gênero trabalhados nos capítulos sobre as tendências literárias em seu desdobramento histórico.

Assim, a proposta de letramento literário pouco se desenvolve, pois possivelmente haverá alunos que encontrarão dificuldades em entender por que uma epopeia se encontra com o romance em uma sequência narrativa se é escrita em versos e possui rima e ritmo; ou ainda, por que um representante da poesia visual – como o caligrama ou as produções de nossos poetas concretistas – é poema e a letra de música que, em geral, é escrita em versos deve ser entendida como um gênero em particular.

O que estamos propondo é que o uso do texto literário pode gerar um trabalho que se desdobre em muitas direções. Para exemplificar, utilizemos os poemas selecionados para nossa sugestão de atividade: o que abre a obra *Espantapájaros (al alcance de todos)*, de Oliverio Girondo (1932), e "El pájaro yo" (*Arte de pájaros*, 1966), de Pablo Neruda.

Tomamos como objeto o poema de Girondo por ser bastante conhecido e utilizado nas aulas de Espanhol/Língua Estrangeira (E/LE). Em primeiro lugar, é importante que a abordagem do poema de Girondo não se limite ao entendimento básico dos significados superficiais do texto, a partir de uma mínima exploração léxica e gramatical (a título de ilustração, mencionamos a presença dos pronomes pessoais e do verbo conjugado no poema) e muito menos trate o texto do poeta argentino como exótico e curioso.

Em segundo lugar, para tornar o trabalho com o poema de Girondo mais interessante, podemos confrontá-lo com um poema menos experimental em termos de forma como "El pájaro yo", de Neruda, escrito em versos metrificados. É importante que se diga que a escolha dos dois poemas não foi aleatória, pois eles se ligam metonimicamente em seu conteúdo temático: pássaro e espantalho, palavra esta que, em Espanhol, traz em si o termo "pássaro". Assim, o trabalho prévio à introdução dos poemas pode partir de uma exploração léxica e avançar para um trabalho criativo a partir do título dos dois textos.

O passo seguinte seria trabalhar com os alunos o entendimento dos significados de ambos os textos. Nos dois, há um "yo" que se posiciona diante do mundo. Se em "El pájaro yo" o eu lírico se define mais pessoal e claramente, o eu lírico do poema de *Espantapájaros* lança uma crítica a toda uma geração, na qual esse eu se inclui.

O trabalho com a forma pode gerar uma discussão sobre o que caracteriza o gênero poema e ainda pode ser proposta uma pesquisa tendo como objeto as características relativas à tendência literária de cada um dos poemas, com a intenção de responder à seguinte questão: por que um poema escrito antes apresenta um caráter mais experimental do que um produzido posteriormente?

A resposta a essa questão, guardadas as devidas diferenças entre os desdobramentos histórico-literários na Argentina e no Chile no século XX, pode ajudar os alunos a entenderem melhor o desdobramento da poesia brasileira nesse mesmo século, em que a fase heroica de nosso modernismo se mostra mais radicalmente experimental do que a poesia que se desenvolverá nas décadas seguintes.

Ao final do trabalho proposto, os alunos terão a oportunidade de ampliar o conceito que traziam do gênero poema, de melhorar sua habilidade de leitura, uma vez que se defrontariam com dois exemplares do gênero lírico, de conhecerem em maior profundidade as tendências histórico-literárias, observando suas variadas manifestações em diferentes países, de discutirem valores humanos (o que permite uma ação axiológica no processo de ensino-aprendizagem, portanto) e, por fim, de praticar suas habilidades linguísticas na LE, pois toda a aula seria desdobrada no idioma espanhol.

A seguir, apresenta-se a proposta prática. Sugerimos como primeira atividade com o texto literário um trabalho comparativo de leitura com dois textos poéticos: o poema de abertura da obra *Espantapájaros (al alcance de todos)* de Oliverio Girondo, publicada em 1932, e "El pájaro yo" (1966) de Pablo Neruda.

Nosso objetivo é mostrar que o trabalho proposto com o texto literário pode ser amplo, atendendo a necessidades variadas do processo de ensino-aprendizagem realizado com uma LE. No entanto, mesmo tendo sido criada para atender a determinada finalidade específica, é essencial que a aula de LE busque sempre valorizar o texto literário seja como produtor de sentidos, seja para o reforço do trabalho com o gênero discursivo, entre outros exemplos.

Como trabalho prévio, sugerimos que o professor apresente aos alunos (seja em uma projeção, seja em formato impresso) a imagem de um espantalho com um pássaro em seu ombro. Ela, de início, pode gerar uma ampliação léxica, com a exploração de termos ao redor das figuras representadas, a qual deve ser anotada em um canto da lousa. Nesse caso, além de pedir que identifiquem as figuras, o professor solicitará que os alunos contextualizem-nas em seu ambiente e função.

Em seguida, o professor apresentará o título dos dois poemas na lousa ou em slide, e pedirá que os alunos criem hipóteses sobre os textos. Qual seria o tema de cada um? Para tornar essa proposta mais interessante para os alunos, julgamos ser importante que parte da atividade incentive uma participação criativa dos alunos. Assim, antes mesmo de apresentar os textos aos alunos, o professor apresentará por meio de um mural ou de um varal imagens variadas de espantalhos e de pássaros.

É importante que as imagens de pássaros sejam acompanhadas de informações sobre a ave representada, como nome popular, nome científico, *habitat*, hábitos alimentares, entre outras. Isso será relevante para que os alunos identifiquem o jogo de linguagem proposto por Neruda em "El pájaro yo" ao apresentar logo abaixo do título, em suposto nome científico em latim, para sua versão pássaro. Em seguida, o professor solicitará que os alunos se levantem, olhem as figuras e selecionem entre elas uma das imagens de pássaro e uma das imagens de espantalho com as quais se identificam e justifiquem o porquê de sua opção.

Após essa breve exposição oral, o professor apresentará os dois poemas aos alunos e realizará, com o grupo, uma primeira leitura. O passo seguinte será a apresentação de um roteiro de leitura com questões sobre os textos. Ele, então, decidirá como usará as questões do roteiro, de acordo com as características do grupo a que aplicará a proposta: se um grupo mais autônomo e com domínio razoável da língua, pode solicitar que formem grupos e respondam; caso seja um grupo menos autônomo, pode propor uma atividade em voz alta, com todo o grupo. De um modo ou de outro, é relevante que, ao final da atividade, solicite que os alunos registrem as respostas em seus cadernos.

Sugestão de roteiro

Introdução ao poema "Espantapájaros"

> Yo no sé nada
> Tú no sabes nada
> Ud. no sabe nada
> El no sabe nada
> Ellos no saben nada
> Ellas no saben nada
> Uds. no saben nada
> Nosostros no sabemos nada.
>
> La desorientación de mi generación tiene su explicación en la dirección de nuestra educación, cuya idealización de la acción, era — ¡sin discusión! — una mistificación, en contradicción con nuestra propensión a la meditación, a la contemplación y a la masturbación.
>
> (Gutural, lo más guturalmente que se pueda). Creo que creo en lo que creo que no creo. Y creo que no creo en lo que creo que creo.
>
> "Cantar de las ranas"
>
> ¡Y ¡Y ¿A ¿A ¡Y ¡Y
> su ba llí llá su ba
> bo jo es   es bo jo
> las las tá?   tá? las las
> es   as   ¡A   ¡A   es   es
> ca   ca   quí   cá   ca   ca
> le   le   no   no   le   le
> ras ras es   es   ras ras
> arri aba tá   tá   arri aba
> ba!..jo!.. !... !... ba!..jo!..

El poema del argentino Oliverio Girondo es el texto que abre el libro *Espantapájaros (al alcance de todos)*, publicado en 1932. Para divulgar a su obra, Girondo creó un interesante aparato publicitario: alquiló a una empresa fúnebre una carroza coronaria (usada para acompañar al coche fúnebre) a la cual adornó con una réplica hecha de papel-maché del espantapájaros que Boromi (pintor) había creado para la tapa de su libro. El poeta llenó la carroza con los ejemplares del libro y salió por Buenos Aires anunciando a su obra. La acción realizada por Girondo tuvo tanto éxito que en un mes vendió toda la edición del libro.

Fonte: Girondo (1999).

Introdução ao poema "El pájaro yo"

El poema "El pájaro yo", de Pablo Neruda, forma parte del libro *Arte de pájaros*, publicado en una tímida edición en 1966. En esta obra, el poeta revela toda su admiración por los pájaros, valorando, sobre todo, a las aves de su país.

El pájaro yo

(Pablo Insulidae Nigra)

Me llamo pájaro Pablo,
Ave de una sola pluma,
Volador de sombra clara
Y de claridad confusa,
Las alas no se me ven,
Los oídos me retumban
Cuando paso entre los árboles
O debajo de las tumbas
Cual un funesto paraguas
O como una espada desnuda,
Estirado como un arco

> O Redondo como una uva,
> Vuelo y vuelo sin saber,
> Herido en la noche oscura,
> Quiénes me van a esperar,
> Quiénes no quieren mi canto,
> Quiénes me quieren morir,
> Quiénes no saben que llego
> Y no vendrán a vencerme,
> A sangrarme, a retorcerme
> O a besar mi traje roto
> Por el silbido del viento.
> Por eso vuelvo y me voy,
> Vuelo y no vuelo pero canto:
> Soy el pájaro furioso
> De la tempestad tranquila.

Fonte: Disponível em: <http://www.neruda.uchile.cl/obra/obraartepajaros4.html>.

1. Observa la estructura de los primeros versos del poema "El pájaro yo":

Me/ lla/mo/ pá/ja/ro/ Pa/blo,/	8 sílabas
A/ve/ de u/na/ so/la/ plu/ma,	8 sílabas
Vo/la/dor/ de/ som/bra/ cla/ra	8 sílabas
Y/ de/ cla/ri/dad/ con/fu/sa,/	8 sílabas

2. Ahora, compárenlo a la forma del poema de Girondo.

a) ¿Cuál habría sido la intención del poeta argentino al diferenciar el formato de su poema?

b) Aún sobre la forma de los poemas, compárenlos: ¿cuál es más tradicional y cuál más experimental?

c) Como ya mencionado, el poema de Girondo es de 1932 y el de Neruda, de 1966. Basándose en las informaciones de las clases de Literatura en Lengua Portuguesa, creen una hipótesis para explicar el carácter más experimental del poema de 1932.

3. Ahora lean una vez más al poema "Espantapájaros".

¿En cuántas partes él puede ser dividido?

Basándose en la figura representada en el poema, ¿a qué corresponde cada una de las partes?

4. Lean en separado a cada una de las partes y contesten:

a) ¿Qué dice el fragmento presente en la primera parte?
b) ¿Qué relación puede haber entre esta parte de la figura presente en el poema y el texto de que se compone?
c) El texto de la segunda parte de la figura está dividido en colores diferentes. ¿De qué habla el primer fragmento en color rojo?
d) El fragmento en color negro dialoga con la primera parte del poema al reiterar a lo largo de algunos versos un determinado tipo de palabra. ¿Cuál es el tipo de palabra que aparece repetidamente y de qué modo ella se relaciona con el texto de la primera parte del poema?
e) Un verso en rojo encierra la segunda parte del poema. Este verso hace referencia al fragmento anterior (en color negro) por medio de la sonoridad. Léanlo y contesten: ¿Qué sonido la repetición de tal palabra busca simular? ¿Qué combinación sonora de la parte en negro remite a tal sonido?
f) ¿A qué parte de la figura representada en el poema se refiere el último fragmento?
g) Pleonasmo es una figura de construcción que consiste en la creación de una frase en la que algunos términos resultan redundantes (repetitivos o innecesarios). En algunos casos, el pleonasmo sirve para atribuir mayor expresividad o para reforzar algún sentido expreso por el texto. Identifiquen a los dos pleonasmos presentes en la última parte del poema y contesten, ¿son redundancias raras o son también comunes en Lengua Portuguesa?
h) Creen una hipótesis, ¿por qué el poeta habría utilizado en la última parte de su poema?

5. Ahora lean el poema de Girondo otra vez y expliquen:

a) ¿A quién el "yo lírico" dirige su crítica? ¿Él se incluye o se excluye entre los criticados? Explíquenselo mencionando una palabra del texto.

b) Por fin, creen una hipótesis para explicar la relación entre los sentidos expresos en el poema y título de la obra *Espantapájaros*.

6. Ahora, vamos a releer el poema de Neruda. En su texto, el poeta "crea" un nuevo tipo de ave e incluso se le atribuye un nombre científico. A partir del título y de su "nomenclatura latina", ¿a qué o a quién ese nuevo pájaro se refiere?

7. Isla Negra es una localidad costera ubicada en la región central de Chile. Pablo Neruda poseía una casa en este sitio, donde pasaba parte de su tiempo. ¿A qué atribuyen el hecho de que el poeta haya incluido en el nombre científico de su pájaro inventado el nombre de la localidad?

8. En "El pájaro yo", el yo lírico se describe como un pájaro. En el segundo verso del poema, él se identifica como un "ave de una sola pluma". De inicio, la referencia parece destacar una característica física del ave, pero al leer nos damos cuenta del sentido connotativo del verso. ¿A qué elemento de la vida de Pablo se refiere, en verdad, la afirmación de este verso?

9. Con relación a su carácter, ¿cómo el "pájaro Pablo" se define?

a) ¿Cuáles son las dos principales acciones del pájaro?
b) De sus dos acciones, ¿cuál es la que más les disgusta a sus enemigos?
c) ¿A qué correspondería esta acción en la práctica del poeta Pablo?
d) ¿A cuáles acciones de sus enemigos el "pájaro Pablo" afirma que va a impedir?
e) Si tuviesen que describir con sus propias palabras al pájaro Pablo, ¿cómo lo harían?

Após a finalização do roteiro, a continuidade do trabalho de caráter criativo iniciado na atividade prévia pode ser um interessante caminho para a conclusão da proposta. Depois de toda a reflexão feita durante a leitura, o professor poderá propor uma atividade de releitura dos poemas. Para intensificar o aspecto criativo da atividade, seria interessante que, além do texto, fosse solicitado aos alunos que também o ilustrassem. Por meio da técnica da colagem, eles escolheriam montar de partes de imagens variadas (de jornais e/ou revistas) sua versão espantalho ou sua versão pássaro, a qual seria acompanhada de um poema escrito na LE cujo objetivo seria apresentar o pássaro (nome do aluno/a). Em seguida, o professor solicitaria aos alunos que apresentassem oralmente ao grupo seu texto/montagem.

Como atividade posterior, tanto para a atividade proposta, quanto para todas aquelas em que se fará uso do texto literário, a estratégia seria motivar a leitura de outros textos do(s) autor(es) apresentado(s), bem como uma aproximação maior às características da obra e do contexto artístico/histórico da obra em estudo. Para tanto, seria importante que o professor proporcionasse aos alunos o contato com livros (físicos e virtuais) do autor, bem como com sites sobre autor e obra.

Considerando que o aprendizado de uma LE, tal como sugerido nos PCNEM (2000) e nas Ocem (2006), deve influir no processo geral de letramento dos alunos, ampliar seu acesso a sua e às diversas culturas, além do domínio do sistema linguístico da LE, o tempo de aula gasto com o desenvolvimenro de uma proposta como a mencionada acima seria no mínimo justificável.

No que diz respeito à interculturalidade, o trabalho com Literatura na aula de LE faz ainda mais sentido. Paraquett (2010) defende a importância do desenvolvimento de uma consciência intercultural no ensino de LE como meio de dirimir estereótipos redutores responsáveis pela promoção de pontos de vista simplistas promovidos sobretudo pela falta de conhecimento de outras culturas. Molina-García (2013, p. 269), ao refletir sobre o trabalho com o texto literário em uma perspectiva intercultural, converge com o pensamento de Paraquett ao afirmar:

> *Basar el proceso de enseñanza-aprendizaje en una perspectiva intercultural significa conocer lo desconocido, a través del encuentro, movidos por el interés y la curiosidad y, en su extremo, superar la endogamia y el etnocentrismo al llegar a conocerse mejor a sí mismo justo a través del aprendizaje de lo desconocido*

Desse modo, só o acesso ao conhecimento das experiências vivenciais e às formas de pensamento de outros povos poderia promover com professores e alunos essa aproximação do que se lhes apresenta como alheio. Retomando a já mencionada importância da superação do ensino de LE como uma oferta meramente instrumental e dando prosseguimento ao nosso diálogo com Paraquett (2010), mais do que "instrutores de idiomas", como alguns cursos livres costumam nomear professores de LE no registro laboral, estudamos e nos diplomamos com o objetivo maior de nos tornarmos agentes intermediadores que participam ativamente da formação da identidade cultural de milhares de jovens. Estes, muitas vezes, têm na escola uma oportunidade única de acesso a um mundo mais amplo e menos opressor do que costumam encontrar nos demais setores geradores de sua experiência vivencial: comunidade, família, religião, entre outros. E, quando afirmamos isso, não estamos nos limitando aos estudantes pertencentes a comunidades de baixo poder econômico, uma vez que visões redutoras e preconceituosas do que não se conhece, emergem de todos os setores de nossa sociedade. Para os que estão fora da sala de aula, basta acessar as inúmeras redes sociais para constatar tal fato.

Nesse sentido, a Literatura pode sim ser um dos inúmeros instrumentos de aproximação cultural entre tantos outros, como a culinária, a música, o cinema, a dança. Para tanto, é importante que os professores não temam a abordagem de autores e obras que tematizem questões complexas culturalmente e/ou delicadas no que se refere ao ensino da LE em estudo.

Para exemplificar, tomamos como segunda sugestão de atividade um trabalho de leitura de um fragmento da obra *Mar paraguayo* (1992), do escritor paranaense Wilson Bueno. Narrado em primeira pessoa por uma paraguaia que emigrou ao Brasil – que se autodenomina "marafona del balneário" (de Guaratuba [PR]) – a história chega até o leitor por meio de uma dicção que mescla o *portunhol* e o guarani. Que melhor oportunidade para abordar o bilinguismo no Paraguai, país em que tanto o guarani quanto o espanhol são línguas oficiais? E por que não aproveitar o ensejo para ampliar as fronteiras dessa convivência bilíngue que se dá regionalmente em países como a Argentina, a Bolívia e o Brasil, estabelecendo nesse país o bilinguismo português-guarani?

O trabalho com *Mar paraguayo* pode ainda representar uma boa opção de abordagem da questão do *portunhol*, tema cuja falta de conhecimento também gera muitos preconceitos e reducionismos entre os estudantes brasileiros de E/LE. Além das possibilidades anteriormente apontadas, a leitura do fragmento deve abranger o drama humano expresso pela personagem narradora por meio de um vertiginoso fluxo de pensamento. O triângulo amoroso "viejo-marafona-niño" pode ser tópico de uma discussão que envolva ética, valores e pulsões humanas.

Em última instância, todas as possibilidades sinalizadas nos levam a considerar que o texto literário pode e deve ser utilizado como um importante recurso para o desenvolvimento do letramento crítico, tal como proposto por Baptista (2010). É em Perrone-Moisés (2000, p. 351) que buscamos o argumento em defesa do ensino de Literatura com o qual justificamos a afirmação anterior:

> *[...] a obra literária é sempre uma leitura crítica do real, mesmo que essa crítica não esteja expressa, já que a simples postulação de uma outra realidade coloca o leitor em uma posição virtualmente crítica com relação àquilo que ele acreditava ser o real. E finalmente, a escrita e a leitura literárias são exercícios de liberdade: liberdade no uso da linguagem, esclerosada e estereotipada no uso cotidiano, e liberdade do imaginário, oposto a uma suposta fatalidade da história.*

A seguir, está a segunda proposta prática. Esta atividade põe em foco uma obra singular: *Mar paraguayo* (1992). Pertencente à literatura brasileira, o interesse desse texto para o ensino de E/LE reside no fato de que o livro de Bueno elege o *portunhol* como língua de uma obra literária. Além desse fato, também busca a contribuição do guarani, idioma oficial no Paraguai, ao lado do espanhol.

Assim, escolhemos a referida obra para a construção de atividade em que o texto literário dará suporte à introdução de um trabalho cujo foco será a interculturalidade. Entre os temas abordados a partir da atividade inicial (de leitura do trecho selecionado), estão, em primeiro lugar, a questão do *portunhol* e do preconceito existente sobre seus usuários no Brasil, ou seja, partindo dos aprendizes brasileiros do espanhol, a interlíngua que se forma entre o português e o espanhol é entendida como o erro ou ruído; já dos imigrantes provenientes de países hispânicos, sinaliza a ideia de um uso informal, o que reforça em muitos casos a posição de marginalidade atribuída à presença do imigrante em território nacional.

O outro tema enfatiza um tópico cultural de grande importância para o estudante de E/LE, que é o bilinguismo no Paraguai, país em que o espanhol e o guarani são idiomas oficiais, mas que, não nos esqueçamos, abrange em seu território uma grande variedade de línguas indígenas não oficiais. Assim, brasileiros que viajam a esse país são, muitas vezes, surpreendidos por falantes de um idioma diferente que, ao perguntar, identificam como guarani.

É importante que cada instituição de ensino ou professor(a) observe as características de seu grupo para ampliar a dimensão que dará a esse trabalho. Ambos os temas podem gerar pesquisas que certamente trarão grande contribuição para o trabalho intercultural na aula de E/LE.

1. Publicada en 1992, la obra *Mar paraguayo* del escritor paranaense Wilson Bueno nos sorprende por su mezcla lingüística de la cual se destacan el español y el portugués, con aportes del guaraní. Lee el fragmento de la obra y busca lo que se pide:

> El pânico outono con frequência se avizina de las cercanias misteriosas de la muerte. Entonces es el infierno. Añaretã. Añaretãmeguá. Sinto asi como se sea uno apertar-se en solo assombro el braço sofrezado de mi vida

de errores y conveniências. Todos se rien en el balneário; secreta me oculto en los desvons otoños de Guaratuba. Hombres, mujeres, chicos nascidos, chicos por nascer, chicos que han de haver nascido, el pânico otoño de sus voces rascantes, el pânico de haver equilibrado, todo este tiempo, en el fio tenso y precipício de los equilibristas que no se dejan llevar por la medianidad. No que sea incomum. Ellos é que son ordinários demás y burocratas se van tangidos pelo que se dá la máquina, lo Estado, los pobres constituidos. Me inscreví asi en el corazón de los marginados, de los postos de lado y chutados das lanchonetes hecho perros vanos y baldíos. Jaguara. Jaguará. Jaguaraíva. Jaguapitã. La muerte no es assim tan definitiva: muerte moral flagíl cristal.

a) Palabras en la lengua guaraní.

b) Tres formas verbales en lengua portuguesa.

c) Tres formas verbales en lengua española.

d) Dos palabras que se presentan en las dos lenguas.

e) Palabras cuya acentuación gráfica sólo son posibles en lengua portuguesa. Justifica tu elección.

2. Lee el fragmento de un artículo de la profesora doctora Maite Celada (2000, p. 262) para contestar las cuestiones a, b y c:

Por constituir [...] el horror de los profesores de español, que no interpretaban como comunicación sino como interferencia o ruido, el (?) era condenado a la ilegitimidad. Y este carácter ilegal se veía reforzado por la naturaleza de sus usuarios, pues esa lengua se asoció – y aún se asocia – al flujo migratorio entre Brasil y los países circundantes. Tal corriente que, a lo largo del tiempo, respondió a motivaciones específicas, sería de larga data y habría dejado marcas no sólo en el lunfardo rioplatense sino también en la gíria brasileña.

a) La afirmación de Maite Celada, reforzada por la información sobre la mezcla lingüística entre el portugués y el español presente en el libro de Wilson Bueno nos lleva a pensar que el término oculto del texto de la autora representado por (?) sería _____.

b) Según Maite, a los profesores de Español les causaba horror la mezcla lingüística realizada por sus alumnos a lo largo del proceso de adquisición del español porque la consideraban como ruido o interferencia y no como comunicación. Lee nuevamente el fragmento de *Mar paraguayo* y discute con los colegas: ¿La mezcla lingüística impide la comunicación?

c) En *Mar paraguayo*, la narración se realiza en 1ª persona por un personaje femenino que se identifica como "marafona del balneário". De nacionalidad paraguaya, ella vive en Guaratuba (PR) bajo la protección de un personaje masculino nombrado en la obra como "viejo". La muerte/asesinato del viejo motiva la narración de la marafona que algunas veces niega y otras se culpa por la muerte de su protector.

> Palabra de la lengua portuguesa que significa 'meretriz, mujer engañosa'.

3. Relee el siguiente trecho del texto de Maite para contestar la cuestión que sigue:

"Y este carácter ilegal se veía reforzado por la naturaleza de sus usuarios, pues esa lengua se asoció – y aún se asocia – al flujo migratorio entre Brasil y los países circundantes".

a) ¿La "marafona del balneário" se identificaría al perfil descrito por Maite en su texto? ¿Por qué?

5. Discute con el grupo: ¿Cómo se da, en general, el aprendizaje del idioma extranjero por parte del inmigrante? ¿Ese tipo de aprendizaje motiva la relación normalmente hecha entre la mezcla lingüística del portugués y del español a los inmigrantes hispánicos en Brasil? ¿Por qué?

6. A partir del fragmento leído del texto de Maite Celada es posible concluir que se mantiene hasta hoy, por parte de los que enseñan y estudian oficialmente las lenguas portuguesa y española en Brasil, cierto prejuicio al habla mezclado de los inmigrantes hispánicos que viven en el territorio brasileño. Busca en el fragmento de *Mar paraguayo* un trecho en el que la marafona del balneário muestra identificación con los que son puestos al margen de la sociedad.

7. Lee el Artículo 140 de la Constitución de Paraguay para contestar la cuestión:

Artículo 140 – de los idiomas

> El Paraguay es un país pluricultural y bilingüe.
>
> Son idiomas oficiales el castellano y el guaraní. La ley establecerá las modalidades de utilización de uno y otro.
>
> Las lenguas indígenas, así como las de otras minorías, forman parte del patrimonio cultural de la Nación.
>
> Fonte: Disponível em: <http://www.oas.org/juridico/spanish/par_res3.htm>. Acesso em: 26 jul. 2015.

a) Considerando la lectura del artículo constitucional y del fragmento de *Mar paraguayo* en estudio, justifica la presencia de palabras en guaraní en la obra de Bueno.

8. Relee el fragmento de *Mar paraguayo* y contesta: ¿cuál de las palabras en guaraní se refiere a "infierno"? ¿y cuál a "perro"?

Para finalizar as reflexões da primeira parte de nosso capítulo, recorremos novamente a Perrone-Moisés (2000, p. 351) cuja colocação retoma e abrange tudo o que foi discutido anteriormente: "Se os professores negligenciarem a tarefa de mostrar aos alunos os caminhos da Literatura, estes serão desertados, e a cultura como um todo ficará ainda mais empobrecida".

O trabalho com a Literatura nas aulas de Espanhol, assim, possibilitará muitos caminhos nos processos de ensino-aprendizagem. Por entre esses caminhos, como tratamos as quatro habilidades?

# IV

As habilidades de falar, escrever, ler e ouvir: o que há de novo para se falar sobre elas?

A expressão "quatro habilidades" refere-se às ações de escutar, falar, ler e escrever em LE. Não se trata de um termo recente na área, porém afirmamos que, quando partimos de uma perspectiva de trabalho com os gêneros discursivos e consideramos princípios mais fundamentais de outros métodos e abordagens, precisamos fazer algumas considerações. Assim, este capítulo se voltará para uma reflexão sobre as quatro habilidades, como estão sendo tratadas nos PCNEM e nas Ocem e como podem ser exploradas para o ensino de gêneros discursivos. Além disso, serão retomadas as atividades já expostas em capítulos anteriores e apresentadas outras que ilustrem formas de se trabalhar as habilidades com os gêneros de maneira integrada.

Para iniciar, é interessante notar que, por muito tempo, as habilidades foram divididas em duas linhas: habilidades consideradas passivas (leitura e escuta) e as ativas (escrita e oralidade). No entanto, com o desenvolvimento de pesquisas e o surgimento de novos métodos e abordagens, foi-se evidenciando que todas as habilidades requerem a participação do aluno, só que a leitura e a escuta focam o aspecto da compreensão e a escrita e a oralidade o da expressão.

Outro ponto que vem se modificando com as discussões na área do ensino de LEs é que, se antes se pregava um trabalho equilibrado com as quatro habilidades, atualmente há uma defesa de uma prática integrada. Ou seja, não há mais uma preocupação em dedicar, por exemplo, parte da aula para tratar a leitura e outra parte para tratar a escuta. O que se tem mostrado mais produtivo em termos de aprendizagem é a possibilidade de propor atividades em que os alunos tenham a oportunidade de utilizar o máximo de habilidades possível.

A habilidade da leitura é talvez a que mais tenha ganhado destaque no início dos estudos formais de idiomas, uma vez que o interesse da aprendizagem se voltava, fundamentalmente, para a leitura de clássicos da Literatura universal. Na atualidade, pela organização de nossas escolas públicas que, geralmente, têm salas com mais de trinta alunos, grade curricular organizada com duas aulas semanais de LE, falta de equipamentos como rádios, TV, DVD, multimídia, entre outros, e poucos materiais didáticos (além do livro didático oferecido pelo PNLD), a leitura acaba sendo a habilidade que mais se adequaria, em um primeiro olhar, a esse panorama.

Segundo Cesteros (2006), a escrita e a leitura foram destaques no ensino de idiomas até o surgimento do método direto e do audiolingual. Podemos concluir que, ao lado da leitura, a habilidade da escrita garantiu sua importância por um longo período na história do ensino de LEs. A escuta e a oralidade começam a ser mais valorizadas a partir do surgimento do método audiolingual e essa valorização se mantém nos pilares da abordagem comunicativa. Quando o foco da aprendizagem de uma LE passa da necessidade de conhecimento dos clássicos da Literatura para a habilidade de se comunicar com o outro, então outros arranjos são feitos para os processos de ensino de um idioma. Entre eles, está a faculdade de se trabalhar mais intensamente com o escutar e o falar a LE.

A discussão sobre as habilidades aparece tanto nos PCNEM (2000) quanto nas Ocem (2006). No entanto, esses documentos tratam a questão de maneiras diferenciadas.

Os PCNEM criticam o ensino de LE pautado exclusivamente na concepção da promoção de práticas de entender, falar, ler e escrever para levar o aluno a se comunicar. A crítica aparece porque se duvida da efetividade desse processo quando o aluno vivenciar situações reais de comunicação em outro idioma. Além disso, essas práticas com as quatro habilidades, geralmente, se firmam nos princípios da gramática normativa, o que acabaria colocando o foco da aula na norma culta e na habilidade da escrita. Assim, esta perspectiva de trabalho limitaria o processo de ensino-aprendizagem de LEs ao "estudo abstrato do sistema sintático ou morfológico de um idioma estrangeiro" (PCNEM, 2000, p. 28) e à modalidade escrita.

No entanto, a crítica dos PCNEM vem acompanhada de sugestão de novas práticas para se superar os limites apontados:

> *Ao pensar-se em uma aprendizagem significativa, é necessário considerar os motivos pelos quais é importante conhecer-se uma ou mais línguas estrangeiras. Se em lugar de pensarmos, unicamente, nas habilidades linguísticas, pensarmos em competências a serem dominadas, talvez seja possível estabelecermos as razões que de fato justificam esta aprendizagem (Brasil, 2000, p. 28).*

Apesar dos PCNEM apostarem em um ensino de LE na vertente das competências, a qual, atualmente, também já é vista com ressalvas, podemos afirmar que se trata de um avanço para a área o intento de se superar aulas de Espanhol embasadas na divisão das quatro habilidades.

As Ocem (Brasil, 2006, p. 103), por outro lado, afirmam que, ao se valorizar a heterogeneidade na linguagem "e o uso complexo e contextualizado [...] de formas variadas da linguagem em comunidades diferentes", se inviabiliza estudar LEs a partir das quatro habilidades. Além disso, nos traz um exemplo prático de estudo da LE em que não há como se separar essas habilidades, elas passam a ser trabalhadas de maneira integrada.

> *[...] no exemplo da "leitura" de livros infantis pelas classes privilegiadas, a prática dessa comunidade interliga formas específicas da linguagem verbal e da escrita. Não se trata meramente de "leitura" infantil, porque*

são os adultos que "leem" os livros para as crianças. A prática da linguagem nesse caso, conforme vimos, ultrapassa a mera leitura do que está no livro e traz consigo a formulação de perguntas orais pelos adultos leitores às crianças "ouvintes". Por sua vez, as crianças "ouvintes" não se limitam a ouvir, mas também respondem oralmente às perguntas verbalizadas que intercalam a "leitura" dos livros.

Por fim, as Ocem propõem um quadro de desenvolvimento das habilidades em cada ano do EM (em todos os anos, propõe-se o trabalho com a leitura, com a comunicação oral e com a prática escrita), levando em consideração que a leitura, a comunicação oral e a escrita devem ocorrer como "práticas culturais contextualizadas" e que "a proporcionalidade do que deve ser trabalhado nas escolas de cada região deva ser avaliado regionalmente/localmente" (Brasil, 2006, p. 111).

Assim, se os PCNEM sugerem uma abordagem das habilidades mais voltada às competências, as Ocem se pautam em uma perspectiva de língua que é heterogênea e, nesse viés, propõem práticas contextualizadas e integradas no trabalho com a LE.

Antes de passarmos à discussão da prática das habilidades no estudo dos gêneros discursivos, precisamos fazer algumas observações a respeito da oralidade. Por sua similaridade com a língua portuguesa, podemos afirmar que o ato de começar a falar em espanhol pode parecer mais fácil para os aprendizes, o que seria uma vantagem para o professor dessa LE. Nesse sentido, acreditamos que o docente não deve perder a oportunidade de falar em espanhol desde o início do 1º ano do EM e incentivar seus alunos para a comunicação na LE. Provavelmente, o resultado inicial dessa expressão oral será classificado como *portunhol*, algo que não precisa ser visto como problema, mas como um processo para se chegar ao domínio do espanhol. No trabalho de superação do *portunhol*, a expressão oral pode ser desenvolvida sem ser tolhida.

Como o público do EM é formado por adolescentes que, por estarem passando pelas mudanças físicas e hormonais, talvez se sintam envergonhados com a expressão oral, é importante que o professor tenha cuidado para corrigir os erros da oralidade sem desmotivar e sem expor demais o aluno. Além disso, dependendo do número de alunos em sala, torna-se difícil promover a expressão oral de maneira mais efetiva com todos os estudantes, por isso é tão fundamental que o docente se expresse ao máximo na LE e funcione como um modelo para que seus alunos se sintam à vontade para falar também.

A seguir, trataremos das habilidades na relação com os gêneros discursivos e aproveitaremos para aprofundar a questão da oralidade ainda mais.

Quando pensamos no trabalho com esse conteúdo, temos gêneros orais e gêneros escritos como foco dos processos de ensino-aprendizagem e uma organização da aula de Espanhol em sequências didáticas (SDs). Isso significa que tanto a recepção quanto a produção da Língua Espanhola ocorrerão por meio de textos autênticos, pautadas em uma perspectiva discursiva de língua, e as quatro habilidades serão organizadas de maneira integrada para contribuir com uma compreensão, uma produção e um aprofundamento dos gêneros estudados.

Como mencionado em capítulo anterior, no caso das quatro habilidades, elas poderão ser exploradas em qualquer momento da SD. No entanto, temos de cuidar para manter o equilíbrio entre elas uma vez que a SD, pelo próprio modo como se organiza, tende a privilegiar a leitura e a escrita. Sendo assim, o docente precisará cuidar para a promoção de práticas de escuta e de oralidade, sempre se lembrando de investir em atividades que integrem as habilidades. Além disso, é importante ter em conta que os gêneros são orais também e não organizar SDs que tratem somente de gêneros escritos.

Quando inserimos gêneros orais como foco de estudo de uma SD, trabalharemos tanto a produção inicial quanto a final com a expressão oral dos alunos, os módulos também se voltarão para o aprofundamento da compreensão deste gênero oral; sendo assim, a aprendizagem da oralidade ocorrerá a partir de um texto autêntico, contextualizado e sua prática será processual no decorrer de toda a SD.

No exemplo que trazemos para discutir o trabalho com as habilidades, voltamos ao verbete sobre o tango. Para a compreensão leitora do texto "El tango", sugerimos, como apresentação da situação, que o professor mostrasse vários ritmos musicais dos países hispano falantes e, por meio da escuta, os alunos identificassem os instrumentos e os ritmos. Entre esses ritmos, está o tango eletrônico, da banda Bajo Fondo, de origem argentina/uruguaia. Após essa discussão inicial, antes de começar a compreensão leitora do verbete tango, seria interessante escutar uma das canções de Bajo Fondo e fazer um levantamento de ideias sobre as origens desse ritmo na Argentina. Após esse levantamento, se poderia propor a seguinte atividade aos alunos:

> Sugerimos a canção "Pa Bailar", executada por Julieta Venegas. Letra e vídeo podem ser encontrados em: <http://letras.mus.br/bajofondo/1285119/>. Essa canção é uma das mais populares do grupo Bajo Fondo e foi tema de abertura da novela brasileira *A Favorita*, de 2008; por isso, pode ser mais conhecida entre os alunos.

1) Escucha nuevamente la canción "Pa Bailar", de Bajo Fondo, con Julieta Venegas, y contesta las preguntas siguientes en parejas. Después de concluir la actividad, haz la corrección con todo el grupo:

a) ¿Con qué terminaciones se construye la rima de la primera estrofa de la canción?
b) ¿Cuál es el refrán de la canción?
c) A partir del refrán, ¿podemos concluir que se habla con una persona que es nombrada por "tú" o "usted"?
d) ¿Qué es hablado a esta persona? ¿Lo que es hablado es de manera formal o informal? Justifica.

O objetivo dessa atividade é que, ao mesmo tempo que realizam uma atividade de escuta, os alunos tenham acesso a um gênero autêntico, reflitam sobre a constituição desse gênero e consigam ter mais repertório para fazer a compreensão leitora. Além disso, no momento da correção, pode-se explorar o uso informal do "tú" e como a temática das canções de tango tende a girar em torno de temas românticos.

Após a compreensão leitora do texto "El tango", fizemos uma série de sugestões a respeito do trabalho com a cultura. Neste trabalho, os alunos terão a oportunidade de realizar a compreensão leitora, a comunicação oral e a prática escrita de maneira integrada a partir da reflexão sobre o gênero verbete e alguns termos específicos, como *candombe* e *criollo*. Ou seja, para que a comunicação oral se efetive (no caso, a proposta de mesa-redonda), o aluno terá de recorrer à compreensão leitora. A prática escrita, por sua vez, acaba sendo uma síntese desse processo integrado das habilidades, pois o aluno terá de se utilizar do conhecimento adquirido nas leituras e no debate para organizar o próprio verbete.

Nas atividades sobre os textos literários, também há um trabalho integrado entre as habilidades, pois, a todo o momento, pede-se que, ao ler os textos, o aluno expresse oralmente suas impressões. Além disso, essa comunicação oral pode ser desenvolvida com toda a turma, em grupos, em pares, entre outros exemplos.

Assim, no trabalho com os gêneros discursivos, a prática das habilidades será um desdobramento do estudo dos gêneros, sendo que tais práticas ocorrerão de maneira integrada. Além disso, os gêneros, por serem escritos e orais, proporcionarão tanto a expressão escrita quanto a oral e, se nos embasamos em uma perspectiva discursiva de língua para o trato desses gêneros, os processos de ensino-aprendizagem para as práticas das habilidades em Espanhol ocorrerão de forma contextualizada, considerando a heterogeneidade dessa língua, suas variedades, seus aspectos culturais, as relações de poder, entre outros exemplos.

Importante, nesta defesa de uma perspectiva de ensino de Espanhol em que os gêneros ganham destaque, é lembrar que a gramática também precisa ser explorada nas aulas. A seguir, apontamos algumas possibilidades de trabalho com a gramática no EM.

Onde fica a gramática quando apostamos na perspectiva dos gêneros discursivos?

O ensino de gramática de uma LE vem sendo discutido a partir de diferentes perspectivas. Quando se aposta na perspectiva dos gêneros discursivos, o professor de Espanhol

> Neste texto, contei com a colaboração da professora e especialista Graziela Borsato.

precisa redefinir o espaço da gramática nos processos de ensino-aprendizagem e buscar novas metodologias para suas aulas. Assim, este capítulo discutirá os principais conceitos de gramática na área da linguística, destacará o conceito que mais favoreça a perspectiva dos gêneros discursivos e trará modelos de atividades que podem ser elaboradas.

Inicialmente, podemos afirmar que conceituar gramática gera contradições, pois não há um conceito único. Possenti (1996, p. 61-62), por exemplo, resume a definição de gramática em três grandes cernes teóricos:

"1) conjunto de regras que devem ser seguidas;
2) conjunto de regras que são seguidas;
3) conjunto de regras que o falante da língua domina".

A definição número um vai tratar da **gramática normativa**, que se refere àquela que dita o que é certo. Nesta gramática, há número fixo de regras que são apresentadas de forma clara, específica e com exemplos que, geralmente, são tirados de obras da Literatura cânone. Nessa perspectiva, acredita-se que a gramática consegue suprir todas as situações de fala em um conjunto limitado de regras descritas. Casos omissos a essas regras são direcionados a outros saberes da língua como, por exemplo, à semântica e à pragmática, os quais não interfeririam no uso da lista de regras.

No que se refere à definição número dois, temos a **gramática descritiva**, a qual não estabelece previamente a regra para o certo ou errado, mas sim descreve e disseca todas as situações de fala e escrita e possibilita sua análise. Desse modo, se deixa de ser usada pelos falantes, determinada regra da gramática normativa deixa de existir. Para os estudiosos que adotam essa visão, a regra não deve ser imposta aos falantes, já que a língua é algo social; correções não devem ser feitas por livros, elas são feitas socialmente. Portanto, resta ao linguista descrever e analisar como os padrões da língua acontecem.

Finalizando a definição de Possenti, a número três se refere à **gramática internalizada**. Essa gramática consiste em compreender o que há na mente do ser humano que o faz capaz de compreender padrões gramaticais sem necessitar que tais padrões sejam explicados para ele. Nessa vertente, buscam-se provas de que possuímos um mecanismo interno que possibilita a aprendizagem de qualquer língua por meio de padrões e conexões mentais. Vários fatores provariam a existência desse mecanismo, como quando conjugamos verbos irregulares da mesma forma que os regulares ("eu tinha *fazido*") e fazemos as hipercorreções ("em casa *se conversa-se* muito").

Estudos mais recentes apontam, ainda, em uma direção do conceito de gramática focada no uso, a **gramática funcionalista**. Nessa ótica, tem-se o uso da língua e suas situações de produção. Não há função saber uma regra se ela já não será usada. Partindo sempre de situações preexistentes e reais, a gramática funcionalista deixa de ser algo para ser consultado e passa a ser algo para ser usado.

> *A inserção [da gramática] é clara em uma teoria que, com base na noção de que a linguagem é, por natureza, funcional, considera as estruturas linguísticas exatamente pelo que elas representam como organização dos meios linguísticos de expressão* (Neves, 2011, p. 46).

É importante frisar que essa perspectiva não trata, necessariamente, do momento histórico da produção, do local de publicação e dos interlocutores para a análise gramatical.

Para finalizar a conceituação de gramática, destacamos a **gramática na perspectiva discursiva**, a qual está intimamente relacionada ao termo "dialogismo" apresentado por Bakhtin (2003). Segundo esse viés, uma mesma sentença não pode ser produzida duas vezes com um mesmo sentido; portanto, qualquer alteração, por mínima que seja, modificará o discurso. Por isso, um enunciado somente poderá ser analisado se forem levados em conta toda a sua situação de produção e o contexto da recepção do texto. Nesse sentido,

> *[...] pode-se dizer que a gramática e a estilística convergem e divergem em qualquer fenômeno concreto de linguagem: se o examinamos apenas no sistema da língua estamos diante de um fenômeno gramatical, mas se o examinamos no conjunto de um enunciado individual ou do gênero discursivo já se trata de um fato estilístico. Porque a própria escolha de uma determinada forma gramatical pelo falante é um ato estilístico [...]* (Bakhtin, 2003, p. 269).

Para o trabalho com os gêneros discursivos, apostamos na concepção discursiva de gramática, uma vez que, a nosso ver, ela supera as limitações apresentadas pelas outras concepções. Apesar de nos pautarmos nos fundamentos da concepção discursiva, não negamos que alguns princípios das outras gramáticas abordadas anteriormente podem auxiliar na construção do conhecimento de língua por parte dos alunos.

A seguir, apontamos como a perspectiva discursiva se diferencia das outras gramáticas, auxiliando na construção de um conhecimento mais reflexivo e crítico da LE, e também quais fundamentos das outras gramáticas podemos aproveitar para um melhor aprendizado dos alunos.

Ao comparar-se a gramática normativa com a discursiva, não são mais as regras que ditam como falar e sim um falar completamente situado que dita as regras. Percebe-se que levar em conta a situação de produção, antes negada pela visão estruturalista e prescritiva, é agora essencial para a compreensão da complexidade de um texto. No entanto, a prática de exercícios gramaticais, estabelecida principalmente na perspectiva normativa, não pode ser abandonada. Acreditamos que, para uma melhor compreensão e aprofundamento da regra estudada, é fundamental a execução de exercícios que levem à reflexão e fixação da regra.

No tocante à concepção descritiva, percebe-se que tanto esta quanto a discursiva buscam analisar a fala e a escrita. Mas a descritiva objetiva descrever e tabelar quais existem e a discursiva entender porque o discurso foi proferido e em que contexto. Na gramática descritiva, o linguista procura descrever como os registros falados e escritos acontecem, sem se preocupar com um "onde", um "por quê" ou um "quando" ocorreram. Portanto, o ato de descrever a regra é compreendido como algo positivo para uma reflexão crítica sobre a estrutura da LE, sempre considerando os variados elementos no contexto de produção do discurso.

Ao confrontar a gramática na perspectiva discursiva com a gramática internalizada, nota-se que, ao mesmo tempo que a primeira propõe analisar o dialogismo comum nas esferas discursivas, a gramática internalizada se preocupa com os processos mentais do ser humano que o capacita a compreender e produzir padrões gramaticais sem necessitar de ensino formal. Essa gramática dita que somente esses raciocínios mentais são responsáveis pelo enunciado e a discursiva aceita que o falante possua essa tal gramática, mas que é imprescindível levar em conta o contexto de produção e recepção do enunciado.

Por último, ao tratar a comparação da concepção discursiva com a funcionalista, percebemos que a maior diferença é que, além de tratar do uso, a gramática na perspectiva discursiva leva sempre em consideração a situação de produção do discurso. Portanto, uma sentença como "eu te amo", se pronunciada no meio de um ataque terrorista, será analisada de forma diferente de uma pronunciada na frente de um altar. Na perspectiva funcionalista, o mais importante é a mensagem ser proferida, passada de modo efetivo. Para a discursiva, a comunicação também tem peso importante, porém, os aspectos social, histórico, contextual, entre outros, são essenciais para compreender a carga semântica do conteúdo comunicado.

Alguns autores direcionaram os fundamentos da gramática na perspectiva discursiva para os processos de ensino. Antunes (2003), por exemplo, explica que não existia nem existe língua sem gramática, muito menos gramática sem língua. Entendendo a gramática como algo inerente à língua, qualquer texto que se tenha contato em sala de aula trará aspectos gramaticais significativos para sua compreensão. "Em uma perspectiva de língua como atividade sociointerativa [...] é preciso de uma 'gramática' para cada tipo de situação, para cada tipo de discurso" (Antunes, 2007, p. 42). Portanto, ao tratar os mais variados gêneros discursivos, teremos de estudar gramática para aprofundar a compreensão desses gêneros.

Vemos, assim, uma mudança no modo de tratar a gramática quando o texto é o foco da aula de LE. A gramática será estudada para compreender o discurso produzido e não somente para ditar regras de uso. Nesse sentido, os documentos oficiais que regem a educação brasileira são enfáticos: os PCNEM (2000) e as Ocem (2006) afirmam a presença da análise linguística nas aulas de Línguas e de forma contextualizada.

Nos PCNEM, faz-se um panorama sobre o ensino de Línguas centrado somente em memorização de regras. O documento propõe a superação dessa visão de gramática em favor de um ensino que esteja centrado na comunicação, pois "é necessário, além de adquirir a capacidade de compor frases corretas, ter o conhecimento de como essas frases são adequadas a um determinado contexto" (Brasil, 2000, p. 29). Os PCNEM, assim, demonstram estar mais preocupados com a questão da comunicação, sem necessariamente tratar do caráter discursivo.

As Ocem (2006), por sua vez, ampliam a discussão do que é gramática, de sua função no mundo e de como tratá-la em sala de aula. Primeiramente, no referido documento, é feita uma explicação a respeito do público do EM e as possíveis formas de letramento, as quais não devem "sustentar o ensino isolado da gramática" (Brasil, 2006, p. 107). Como os alunos não são homogêneos, o idioma deles também não é; portanto, não teria sentido ensinar uma LE como se todos falassem da mesma forma e usassem os mesmos padrões gramaticais, privilegiando as variedades descritas em manuais e excluindo as variedades que escapam aos mesmos manuais. Para tanto, o estudo da gramática em sala deve ter como meta "mostrar que as formas não são fruto de decisões arbitrárias, mas formas de dizer que se constroem na história e pela história, e que produzem sentido" (Brasil, 2006, p. 145).

Ainda, as Ocem entendem o ensino de Línguas como algo plural e, por isso, sugerem que, em suas aulas, o educador deve trazer textos dos mais diferenciados lugares onde a língua é usada. Como onde há língua, há gramática, se a aula for estruturada de tal forma que o professor consiga analisar, com seus alunos, a gramática que está auxiliando na construção textual, ocorrerá uma aprendizagem com sentido. Por isso, a

> importância de analisar, ensinar e fazer aprender as regras que estruturam o uso das formas contextualizadas de linguagem, não de maneira antecipada a essas práticas de linguagem ou isoladas delas, mas sim de forma integrada a elas, apontando a ação da dinâmica entre a sistematicidade (e sua fixidez aparente) da regra sempre presente na linguagem e a mutabilidade da regra ao longo da história ou conforme contextos socioculturais diferentes (Brasil, 2006, p. 111).

Como já afirmamos, ao trabalhar a gramática, o foco sempre será o texto. Dessa forma, é necessário que se faça um trabalho prévio para selecionar gêneros discursivos variados e de diversos países onde a Língua Espanhola é falada. Ainda, nesse sentido, é necessário recordar que não se devem trabalhar textos como pretexto para ensino de regras gramaticais;

ao contrário, o texto vai nos revelar a gramática. A seguir, tratamos de como essa gramática pode ser revelada a partir da exploração de gêneros discursivos.

Segundo a perspectiva da gramática descritiva, a língua possui um padrão de regras, as quais estão presentes em qualquer manifestação da linguagem. Usufruindo esse conceito, após a exploração do gênero discursivo, é necessário que se observe(m) o(s) ponto(s) gramatical(is) que estiver(em) estruturando a construção daquele gênero. No entanto, esse movimento de observar a gramática no gênero será realizado por meio de indução à regra. Ou seja, o professor deve se utilizar do conhecimento prévio dos alunos a respeito das estruturas gramaticais, e aí nos voltamos à teoria da gramática internalizada, para fazer perguntas e atividades que conduzam os estudantes à construção e à reflexão da regra na constituição daquele gênero discursivo específico.

A estratégia de induzir os alunos a construírem e refletirem sobre a regra, sem explicitar a regra gramatical para eles, é conhecida como método indutivo. Esse método foi amplamente usado para entender os conceitos com base na lógica:

> [...] parte do particular e coloca a generalização como um produto posterior do trabalho de coleta de dados particulares. De acordo com o raciocínio indutivo, a generalização não deve ser buscada aprioristicamente, mas constatada a partir da observação de casos concretos suficientemente confirmadores dessa realidade. Constitui o método proposto pelos empiristas (Bacon, Hobbes, Locke, Hume), para os quais o conhecimento é fundamentado exclusivamente na experiência, sem levar em consideração princípios preestabelecidos (Gil, 2008, p. 10).

Mais especificamente no ensino de LE, Abella e Gisbert (1998, p. 434) definem método indutivo como "parte de los hechos considerados singularmente para llegar a la unidad conceptual. El proceso para lograrlo es fundamentalmente intuitivo". Novamente, nessa citação, entendemos esses "hechos" (fatos) como os pontos gramaticais presentes no texto.

Do texto escolhido para ser foco da aula de Língua, há aspectos/"casos concretos"/"hechos" gramaticais fundamentais para a compreensão e construção textual.

Identificados os aspectos/"casos concretos"/"hechos", o professor começará com questionamentos para induzir à compreensão e ao funcionamento da regra naquele texto, ou seja, ele vai induzir os alunos ao padrão da gramática no texto. Parte-se do pressuposto que, com as próprias análises e conclusões, os alunos serão capazes de entender a regra de modo contextualizado.

Após esse processo, cabe ao professor nomear, utilizando-se da gramática normativa, a regra identificada no gênero discursivo. Tendo identificado e compreendido como a regra acontece em determinado gênero e a nomeação que recebe de acordo com a gramática normativa, é necessário que o aluno fixe esse conteúdo. Então, a prática de exercícios é bem-vinda, pois o docente terá a oportunidade de avaliar a real compreensão dos estudantes a respeito da regra analisada e estudada.

A seguir, trazemos um exemplo prático de como trabalhar a gramática em um gênero discursivo por meio do método indutivo. Utilizaremos o texto "El tango" para esse exercício.

Na aula de Espanhol, após a leitura, a compreensão e a exploração do gênero discursivo, propomos um trabalho que fará que a compreensão do texto seja ainda mais profunda e significativa por meio do estudo do tópico gramatical presente nesse gênero. Vale relembrar que não podemos eleger qualquer ponto gramatical, mas sim aquele essencial para a compreensão e aprofundamento do texto previamente discutido.

O texto "El tango" é um verbete que organiza, em ordem cronológica, os acontecimentos históricos que colaboraram para a constituição do tango do modo que é conhecido nos dias de hoje. Quando os costumes são apresentados, existe um tempo verbal específico que é usado. Por outro lado, quando são apresentados fatos que tiveram início e fim específico, é usado outro tempo verbal. O primeiro tempo é o pretérito imperfeito, o qual mostrará o quão eram costumeiras as ações dos negros na Argentina. O outro tempo é o pretérito perfeito simples, o qual será usado no texto somente quando há ações que foram pontuais, como a chegada dos europeus.

Após a reflexão e análise do texto lido, o professor começa a conduzir os alunos para a identificação da estrutura composicional do gênero, que, nesse caso, se trata do pretérito imperfeito e pretérito perfeito simples, sendo que o primeiro se refere a ações habituais no passado e o segundo a ações pontuais no passado. Consideramos que o modo mais prático e significativo pode ser realizado a partir de questionamentos para toda a turma.

1. En el texto leído, hay una secuencia cronológica de cómo surgió el tango. ¿Esta secuencia muestra a los negros en acciones habituales o en acciones puntuales?
Respuesta prevista (RP): costumbres y acciones habituales de los negros.
Nesta atividade, o objetivo é que os alunos compreendam a função do pretérito imperfeito associado às ações habituais dos negros no passado.

2. Entonces, se percibe que el tango solamente surgió porque inicialmente era compuesto por acciones que eran costumbres en el pasado. Hay palabras que ayudan a contar cuales eran esas acciones. Busca esas palabras en el primer párrafo.
RP: se concentraban, respetaba, denominaba, comían.
Nesta atividade, o aluno inicia a identificação do verbo que se classifica como pretérito imperfeito.

3. Ya logramos asociar esas palabras a acciones habituales en el pasado. Sin embargo, la llegada de los europeos en Argentina no era una acción habitual, sino puntual. Busca cuales palabras comprueban eso en medios de la década de 1870.
RP: vivieron, adoptaron, fueron, construyeron.
Nesta atividade, o aluno inicia a identificação do verbo que se classifica como pretérito perfeito.

4. De este modo, podemos identificar en el texto dos formas principales de usar los verbos para contar historias. ¿Cuáles son ellas?
RP: la primera representa acciones habituales y la segunda acciones que ocurren en un tiempo específico.

Com essa atividade, o aluno deverá perceber que o gênero verbete pode-se utilizar de dois tempos verbais no pretérito para conceituar um termo. Nesse caso, foi o termo "tango" que, em um apanhado histórico, teve sua conceituação construída retomando suas origens africanas.

Ao término da atividade 4, com a ajuda dos alunos, pode-se concluir sobre a função dos dois tempos verbais estudados, usando a nomeação da gramática normativa. Nesse momento, é importante que tanto a nomeação normativa quanto a função de ambos os tempos verbais seja escrita na lousa e registrada pelos alunos.

Após a conclusão da nomeação e da função da regra, é necessário estruturar a conjugação dos dois tempos verbais. Para tanto, será proposto um exercício em pares para que os alunos completem a tabela verbal e, também em pares diferentes, façam a correção. Ao final deste processo, a tabela pode ser desenhada no quadro e completada pelos alunos para que se faça uma correção conjunta final.

5. Consulta los verbos que están en el texto y úsalos como referencia para completar la tabla siguiente.

Persona	Pretérito Perfecto	Pretérito Imperfecto
YO	Bailé	
TÚ		Bailabas
ÉL, ELLA, USTED		
NOSOTROS	Bailamos	
VOSOTROS		
ELLOS, ELLAS, USTEDES		Bailaban

O exercício 5 visa organizar a conjugação dos verbos regulares terminados em AR para os dois tempos estudados. Ao término da correção dessa tabela, o professor pode expandir a conjugação para as terminações ER e IR dos regulares.

6) Clasifica los verbos siguientes en pretérito perfecto y pretérito imperfecto:

Cantaba – Andaron – Comía – Era – Hice – Estudiábamos – Leí

7) Lista más tres ejemplos del texto de cada uno de los pretéritos estudiados.

Nos exercícios 6 e 7, os alunos terão a oportunidade de explorar mais verbos utilizados no texto para identificar se esses verbos foram conjugados no pretérito perfeito ou imperfeito. Ao final dessas atividades, o professor pode retomar onde tais verbos aparecem no texto e se o uso deles corresponde à função debatida anteriormente.

8) Rellena las lagunas con el pretérito perfecto o con el pretérito imperfecto.

Conjuga y completa las frases que describen un hecho puntual en el pasado:

a) Kim y Andrés _____ tango por la noche. (bailar)
b) La familia _____ la danza por la tele. (acompañar)
c) Los padres _____ los hijos en la "festa junina". (fotografiar)
d) Yo _____ mis billetes para la presentación. (encontrar)

Conjuga y completa las frases que describen un hecho habitual en el pasado:

a) Cuando yo _____ niño, por la mañana _____ y _____ dibujos animados en el salón. (ser – comer – ver)
b) En diciembre siempre _____ juntos a la playa. (ir)
c) En el medio del año _____ fiesta en mi escuela. (haber)
d) Nosotros _____ tocar la campana de las casa y huir. (soler)

Esse último exercício é de ordem mais estrutural, cujo objetivo é que o aluno pratique a estrutura e o professor avalie se a aprendizagem está se concretizando. Propusemos quatro exemplos de cada tempo verbal; no entanto, o professor pode propor um número maior de frases a ser completadas. É importante atentar que esse tipo de exercício, na perspectiva dos gêneros discursivos, servirá somente para verificar se a estrutura está sendo compreendida pelo aluno, pois o mais importante no processo de aprendizagem é que este consiga se utilizar da regra estudada em contexto, ou seja, na produção escrita ou oral do gênero.

Para concluir, trabalhar a perspectiva dos gêneros discursivos nas aulas de Espanhol não significa eliminar o estudo da gramática, mas sim valorizar a análise gramatical para aprofundar a compreensão do gênero em foco. Essa análise gramatical pode ser conduzida de maneira indutiva, apostando na capacidade que os alunos têm de construir conhecimento de língua por meio de mediação pedagógica.

A mediação pedagógica, de responsabilidade docente, como discutimos ao longo do texto, inicia-se com a seleção de um gênero discursivo; após a compreensão textual, haverá o estudo para que se entendam quais elementos gramaticais são fundamentais para aprofundar a compreensão textual. Esse estudo ocorrerá por meio de questionamentos para conduzir os alunos ao entendimento dos padrões gramaticais existentes no texto. Quando os alunos conseguirem, com o professor, conceituar esses padrões, recorre-se à gramática normativa para nomear o padrão. Ao final, há a proposta de fixação do conteúdo trabalhado a partir de exercícios estruturais, os quais devem proporcionar prática e reflexão do aluno com relação à regra.

Objetivamos, assim, que o estudo da gramática amplie a compreensão do gênero discursivo. Por sua vez, o método indutivo permitiria que o aluno, a longo prazo, compreendesse, em todas as línguas que for estudar, que a gramática e a língua não existem uma sem a outra (Antunes, 2007). Por fim, também lhe possibilitaria compreender onde estão os padrões linguísticos na estrutura composicional dos mais variados gêneros discursivos.

Após abordar questões práticas do ensino de Espanhol relacionadas à gramática, à cultura, à diversidade cultural e às quatro habilidades contempladas em uma perspectiva em que os gêneros discursivos ganham destaque, não podemos deixar de lado a avaliação para dar conta dos processos de ensino-aprendizagem. Sendo assim, propomos a problematização de como abordar a avaliação quando rumamos por vias inovadoras.

VI

Como se dá o processo de avaliação quando traçamos caminhos inovadores para nossas aulas?

<small>Neste texto, contei com a colaboração da professora e mestre Daniela Terezinha Esteche Maciel.</small>

Este capítulo tem como objetivo apresentar como concebemos a avaliação nas aulas de Língua Espanhola quando as principais perspectivas que fundamentam os processos de ensino-aprendizagem estão relacionadas ao referencial teórico que se volta à teoria dos gêneros discursivos e também às questões dos aspectos culturais e de identidade.

O item "avaliação" consta no projeto político pedagógico das instituições de ensino e, na sequência, no plano de trabalho dos docentes, pois é necessário indicar como serão avaliados os conteúdos de cada disciplina. Além de estar presente nos documentos que fundamentam as práticas nas instituições, muito se discute sobre avaliação nas escolas; essas discussões ocorrem, de maneira mais formal, em reuniões pedagógicas, conselhos de classe, reunião de pais e mestres, entre outros, e, de maneira mais informal, na sala dos professores, em conversas com equipe pedagógica, entre outros.

No entanto, apesar de parecer sempre ser pauta dos assuntos no contexto escolar, consideramos que há poucas tentativas de se inovar o sistema de avaliação para aprimorar os processos de ensino-aprendizagem dos alunos; ou seja, o que muito vemos ainda é a aplicação de provas somativas, corroborando para a manutenção de uma perspectiva de avaliar muito tradicional.

Para entendermos os tipos de avaliação mais comuns na escola, utilizamos os critérios de Rabelo (2009): avaliação diagnóstica, formativa ou somativa.

A diagnóstica avalia as capacidades do aluno com relação a um conteúdo novo (Rabelo, 2009). Ao retorno de um período letivo, após as férias, são realizadas atividades de conteúdos anteriores com intuito de retomada e verificação de conhecimentos adquiridos. Com esse tipo de avaliação, o professor pode verificar o nível de seus alunos e, assim, fazer seu planejamento para avançar ou retomar alguns pontos já estudados. No entanto, devemos atentar para não nos determos muito tempo na avaliação diagnóstica e corrermos o risco de não conseguir seguir com os conteúdos, visto que o número de aulas sempre é reduzido, principalmente quando estamos tratando da disciplina de LE.

A avaliação somativa, por sua vez, é a que mais comumente se exige na escola. Geralmente, ocorre uma prova/atividade avaliativa no final de um bimestre ou semestre com a função de verificar o que o aluno aprendeu, atingindo valores determinados (de zero a dez) ou conceitos (de E a A), entre outros. Não podemos desconsiderar que essa perspectiva avaliativa pode mostrar mais concretamente ao aluno se ele atingiu os objetivos da aprendizagem. No entanto, muitas vezes, a avaliação somativa, como o próprio nome já diz, se resume a somar uma nota para o aluno e isso pode induzir o processo avaliativo a ser resultado de somatórios, sem a devida preocupação de verificar o real nível de aprendizado dos alunos. Ou seja, o professor pode ficar tão imerso na burocracia avaliativa de somar os pontos das atividades e provas de seus alunos que deixa de lado o foco da aprendizagem. E os alunos, por sua vez, podem valorizar mais a pontuação da atividade do que a atividade em si.

Por fim, a avaliação formativa é contínua, não preocupada com medição, valores, exercícios estruturados em valores fechados. Segundo Rabelo (2009, p. 73):

> *Uma avaliação formativa tem a finalidade de proporcionar informações acerca do desenvolvimento de um processo de ensino-aprendizagem, com o fim de que o professor possa ajustá-lo às características das pessoas a que se dirige. Este tipo de avaliação não tem uma finalidade probatória. Entre suas principais funções estão, as de inventariar, harmonizar, tranquilizar, apoiar, orientar, reforçar, corrigir etc. É uma avaliação incorporada no ato de ensino e integrada na ação de formação. É uma avaliação que contribui para melhorar a aprendizagem, pois, informa ao professor sobre o desenvolver da aprendizagem e ao aluno sobre os seus sucessos e fracassos, o seu próprio caminhar.*

Esse tipo de avaliação, se bem organizada, tende a contribuir para a aprendizagem dos alunos de maneira efetiva e individual. Cada aluno é avaliado a seu tempo e de acordo com suas habilidades. A avaliação formativa, ainda, é compreendida por Perrenoud (1999) como uma prática contínua que contribui "para melhorar as aprendizagens em curso, qualquer que seja o quadro e qualquer que seja a extensão concreta da diferenciação do ensino" (Perrenoud, 1999, p. 78). Ademais, o autor destaca que a avaliação formativa aproxima o professor do aluno e facilita a interação, uma vez que o docente terá de compreender as necessidades de aprendizagem individuais para ajustar suas intervenções pedagógicas.

Os PCNEM (2000), PCN+ (2002) e as Ocem (2006) também tratam da avaliação e orientam os docentes segundo perspectivas que se aproximam da que defendemos.

Nos PCNEM, coloca-se a necessidade de um ensino de LE que contemple a competência gramatical, sociolinguística, discursiva e estratégica. "É necessário, além de adquirir a capacidade de compor frases corretas, ter o conhecimento de como essas frases são adequadas a um determinado contexto" (Brasil, 2000, p. 29). Para tanto, as aulas precisam ir além do estudo de conteúdos gramaticais e lexicais; se isso ocorrer, então a avaliação também deverá ser condizente com as aulas. Os PCN+ (2002), documento complementar aos PCNEM, apoiados em Perrenoud, deixam claro que a avaliação dessas competências precisa ocorrer pautada mais em um processo formativo do que em notas ou classificações.

Nas Ocem, a avaliação é entendida como forma de detecção de indícios sobre o estágio de aprendizagem dos alunos, de modo a se concentrar no processo e não nos resultados. Nessa perspectiva, o documento destaca a avaliação formativa para acompanhar o rendimento dos alunos, mas sem desprezar o caráter diagnóstico e mensurador da avaliação para contribuir com o processo formativo.

> *Nesse sentido, a avaliação deve utilizar diferentes instrumentos, tanto para o diagnóstico do progresso do aluno quanto para a mensuração dos resultados alcançados em determinado momento, e deve revestir-se de um caráter positivo de modo a trazer à tona o potencial que o aprendiz tem para avançar no seu estudo da língua estrangeira* (Brasil, 2006, p. 143).

Como é possível perceber, apesar das Ocem privilegiarem a avaliação formativa, isso não se restringe a esse tipo específico de avaliação. Sendo assim, o professor terá um papel fundamental ao organizar os processos avaliativos de suas turmas, sempre buscando melhores resultados de aprendizagem.

Para as perspectivas teóricas e práticas defendidas nesta obra, é com base na construção de um processo de avaliação formativa fundamentalmente, condizente com os PCNEM, PCN+ e as Ocem, que se pretende um ensino de Espanhol de qualidade. Será por meio desse processo formativo que se poderá perceber a superação da avaliação como medição estritamente, pois as atividades propostas favorecem a formação do aluno e propõem discussões que dinamizam as aulas. Vale lembrar que o diagnóstico do nível de aprendizado dos alunos e a mensuração do que foi aprendido, realizados sempre que necessário, servirão para aperfeiçoar a realização da avaliação formativa.

Para tanto, o professor necessita querer passar por uma transformação das práticas avaliativas em sua disciplina, em sua sala de aula, pois deverá olhar para cada aluno individualmente, com suas especificidades, e valorizar o processo de aprendizagem. Isto não significa que não fará avaliações somativas, diagnósticas que, por sinal, são excelentes no início e final de cada período letivo, mas que a realização de uma avaliação contínua e formativa está verdadeiramente presente em cada aula dada e assistida, com objetivos alcançados ou não, os quais podem ser revistos ao final da aula e assim renovar as iniciativas pretendidas. Não somente o professor, mas os alunos também, imersos nessa nova forma de avaliar, mudarão seu modo de ver a escola, a disciplina de LE.

No entanto, estamos cientes de que será difícil para o professor desenvolver uma avaliação formativa se a estrutura pedagógica que organiza a escola em que leciona não contribuir para isso. O que queremos dizer é que, para a avaliação ser formativa em sua complexidade, há também a necessidade de um projeto político pedagógico que estimule, oriente e apoie todo o corpo docente a explorar essa perspectiva avaliativa. Nesse sentido, concordamos com Luckesi (2011, p. 177):

> *A avaliação da aprendizagem só funcionará bem se houver clareza do que se deseja (projeto político pedagógico), se houver investimento e dedicação na produção dos resultados por parte de quem realiza a ação (execução) e se a avaliação funcionar como meio de investigar e, se necessário, intervir na realidade pedagógica, em busca do melhor resultado. Sem esses requisitos, a prática pedagógica permanecerá incompleta e a avaliação da aprendizagem não poderá cumprir o seu verdadeiro papel.*

Assim, a proposta de uma avaliação formativa e contínua, além do apoio da equipe pedagógica, deve estar referenciada no projeto pedagógico da instituição e no programa da disciplina.

Quando tratamos o ensino da LE pautando-nos na teoria dos gêneros discursivos, no trabalho com aspectos culturais que não se desvinculam da aprendizagem de Línguas, considerando as diversidades culturais, que compõem a LE e as questões de identidade, seguramente defendemos o processo de avaliação formativa, e este pode ser complementado com o diagnóstico e o somativo sempre que o docente julgar necessário.

Após utilizar-se dos fundamentos da teoria dos gêneros discursivos, o ensino da Língua Espanhola passará a valorizar o conhecimento prévio dos alunos e promoverá a criatividade e a participação constante deles para a produção de gêneros orais e escritos. Esse trabalho com os gêneros, considerando a organização da sequência didática (SD), apresentará uma produção inicial e uma final, a qual será determinada por todo um processo de estudo a respeito de vários aspectos relacionados à estrutura do gênero e da LE de maneira geral. Dessa forma, a avaliação será um processo contínuo (e não pontual) a respeito do desenvolvimento dos alunos em sala, uma vez que SD propõe vários momentos que possibilitam a participação e o avanço de cada aluno aula após aula, e não somente em momentos específicos, até atingir a produção final.

Na aula de Espanhol, portanto, todos os conteúdos trabalhados passam a ser avaliados a partir do gênero discursivo proposto e para a produção textual do gênero, ou seja, questões de gramática, vocabulário, exercícios estruturais, entre outros. Os módulos da SD terão peso avaliativo na medida em que indicam o caminhar do aluno em direção à produção final do gênero; nesse sentido, eles se aproximam da avaliação diagnóstica, ou seja, serão realizados com o objetivo de colaborar para o melhor desempenho do aluno na compreensão e produção final do gênero, que poderá ser de forma escrita ou oral.

Com alunos atuantes nas aulas de LE, que utilizam o Espanhol para a produção de gêneros discursivos escritos e orais, a avaliação precisa tornar-se um sistema capaz de mostrar o resultado de um processo de participação, criação e construção do conhecimento em uma ação partilhada. Nessa nova sistemática, o professor e seus alunos poderão compreender que a avaliação é mais do que uma "prova" realizada no final de um bimestre ou semestre; ao contrário, a verificação do aprendizado por parte do aluno dá-se no decorrer de cada aula e também em suas vivências para além da sala de aula, com o emprego do Espanhol de diversas formas.

Por fim, trazemos mais um item para o que entendemos que seja o ensino de Espanhol de qualidade, pois estamos apostando na aprendizagem dos alunos não com um fim em sala de aula, ou seja, para ter uma prova com "nota boa", mas uma aprendizagem que transcende o espaço escolar, com um aluno que perceberá o sentido em aprender a LE. Certamente, assim, as aulas de Espanhol serão mais prazerosas e produtivas para ambas as partes, professores e alunos.

Como tratamos na abertura deste livro, consideramos a formação do professor (inicial e continuada) fundamental para que as propostas aqui levantadas se efetivem e a Língua Espanhola seja valorizada na matriz curricular do EM. O estágio curricular supervisionado, nos cursos de licenciatura, é disciplina obrigatória para qualquer estudante que queira se tornar um docente de Espanhol. Assim, passamos ao último capítulo de nossas reflexões: como o estágio pode contribuir para a construção da identidade docente de um professor de Espanhol?

VII

O estágio curricular supervisionado como um dos espaços de aprendizagem teórico/prática na licenciatura

Para fechar a discussão apresentada neste livro, destacamos o estágio supervisionado como um dos espaços fundamentais de exercício da relação entre a teoria e a prática para o futuro professor de Língua Espanhola; ao mesmo tempo, vai beneficiar a formação continuada para professores habilitados das escolas de EM e também para docentes de Ensino Superior que, por vezes, podem desconhecer a realidade dessas escolas. Desse modo, apresentaremos uma proposta para a práxis nos estágios que considere esse aspecto e contemple o ensino da Língua Espanhola no Nível Médio a partir da concepção de língua e didática que debatemos.

> Segundo o Parecer CNE/CP n. 2/2015 e a Resolução CNE/CP n. 2/2015, que ratificam o Parecer CNE/CP n. 28/2001, a prática como componente curricular deverá compor, pelo menos, 400 horas e ocorrer ao longo de todo o processo formativo nas licenciaturas. Ademais, ambos os documentos reforçam que a prática como componente curricular precisa estar intrinsecamente conectada ao estágio supervisionado e às atividades de trabalho acadêmico, colaborando para a formação da identidade docente como educador e, em ambos os casos, há necessidade de supervisão do momento formativo.

Apesar de destacarmos o estágio e suas contribuições para o estabelecimento de uma aproximação entre teoria e prática e de formação continuada, queremos também defender que o estágio será mais aproveitado e valorizado por graduandos se o projeto dos cursos de Letras previr uma relação desta disciplina com as demais disciplinas do curso e, principalmente, com a prática como componente curricular.

Além disso, tanto os projetos de pesquisa quanto os de extensão e ensino também podem se relacionar com o estágio para a formação do docente em Língua Espanhola.

O que estamos sustentando é que, se o curso é uma licenciatura, a formação pedagógica dos alunos deve ser pensada não somente quando chegam as disciplinas de estágio, mas ao longo de todo o processo formativo e de maneira articulada, trazendo coesão e coerência para as discussões pedagógicas, ou que contribuirão com a formação pedagógica, as quais poderão ocorrer em diversos momentos do curso.

Nesse sentido, concordamos com Pimenta e Lima (2008, p. 44) quando afirmam que o estágio pode ser "uma preocupação, um eixo articulador de todas as disciplinas do curso". Ainda que certas disciplinas tenham organização mais teórica, a relação com o estágio precisa e pode ocorrer. Por exemplo, nas discussões da área da Linguística, haverá momentos de debate sobre concepções de língua, linguagem, identidade. Nesses instantes, por que não estabelecer uma conexão com a(s) concepção(ções) de língua que as disciplinas de estágio do curso estão trabalhando? Por que não verificar como os estágios estão abordando e fundamentando as questões das identidades?

Para que o estágio supervisionado adquira essa notoriedade na licenciatura em Letras, acreditamos ser importante que a construção dos projetos dos cursos tenha a participação de professores desta disciplina também e que, ao mesmo tempo, eles possam estar mais próximos fisicamente dos demais professores do curso, ou seja, em mesmo departamento (ou qualquer outra organização que a instituição tenha assumido). Muitas vezes, os professores de estágio atuam em departamentos que não são os dos cursos de origem, ou ainda, nas faculdades de Educação, o que pode acarretar em uma visão de que o estágio supervisionado é algo distanciado das demais disciplinas do curso. Além disso, se mais próximos de seus colegas de curso, os docentes responsáveis pelos estágios terão mais oportunidade de explicar as bases de seu trabalho e também de compreender melhor como ocorrem as diversas disciplinas para articulá-las de forma mais significativa aos estágios.

De acordo com a Resolução CNE/CP n. 2/2015, que define as Diretrizes Curriculares Nacionais para a Formação Inicial e Continuada, o estágio supervisionado é disciplina obrigatória que pode variar de 300 a 400 horas no currículo das licenciaturas. Não se pode confundir o estágio com a prática como componente curricular; no entanto, a articulação entre ambos precisa ocorrer. Essas diretrizes mencionam o Parecer CNE/CP n. 28/2001, no qual se estabelece que:

> Para os cursos de Licenciatura em geral, a carga horária mínima é de 400 horas; para os cursos de formação pedagógica para graduados e de segunda licenciatura, a carga horária mínima é de 300 horas.

> [...] o estágio curricular supervisionado supõe uma relação pedagógica entre alguém que já é um profissional reconhecido em um ambiente institucional de trabalho e um aluno estagiário. Por isso é que este momento se chama estágio curricular supervisionado.
>
> Este é um momento de formação profissional do formando seja pelo exercício direto in loco, seja pela presença participativa em ambientes próprios de atividades daquela área profissional, sob a responsabilidade de um profissional já habilitado.

Ainda, as Diretrizes Curriculares Nacionais para a Formação Inicial e Continuada (2015), em seu artigo 3º § 5º, definem os princípios formativos dos profissionais do magistério para a Educação Básica. Entre esses princípios, destacamos:

> V - a articulação entre a teoria e a prática no processo de formação docente, fundada no domínio dos conhecimentos científicos e didáticos, contemplando a indissociabilidade entre ensino, pesquisa e extensão;
>
> VI - o reconhecimento das instituições de educação básica como espaços necessários à formação dos profissionais do magistério;
>
> IX - a articulação entre formação inicial e formação continuada, bem como entre os diferentes níveis e modalidades de educação;

Considerando que o estágio supervisionado deverá ocorrer sob a supervisão de um professor já habilitado, os princípios formativos destacados para a formação dos profissionais do magistério e o contexto de inserção do Espanhol na rede pública brasileira, traçamos uma proposta para os estágios nas licenciaturas em Letras/Espanhol (habilitação única ou dupla) fundamentada nas seguintes bases: construção de uma identidade docente para o ensino da Língua Espanhola; trabalho colaborativo do professor em formação inicial com o professor em formação continuada e articulação entre teoria e prática no que se refere à teoria dos gêneros discursivos, aspectos culturais e diversidade cultural e para a práxis.

A construção de uma identidade docente para o ensino da Língua Espanhola, na verdade, deverá ocorrer desde o início da graduação. No entanto, no espaço da disciplina de estágio, ela precisa ser reforçada, aprofundada e ampliada, pois é o momento essencial para se debater o significado de ser professor de Espanhol no Brasil, considerando os diversos contextos em que se pode atuar.

Assim, a sugestão para iniciar esta disciplina é que, por meio de diferentes atividades, o professor avalie o conhecimento dos alunos a respeito das políticas linguísticas para o ensino de LEs no Brasil, da história do ensino de Espanhol em nossas escolas, a atual situação da inserção curricular do Espanhol nas escolas em seu Estado e, mais especificamente, em sua cidade. Em seguida, o professor pode propor leitura de textos que aprofundem as questões que ainda não estejam muito claras para seus alunos e, por meio de debate, consiga esclarecer a situação curricular do Espanhol no EM. Ademais, é possível, com os alunos, discutir e propor formas para os diversos atores sociais (secretarias da educação, universidades, escolas, comunidade escolar, professores, entre outros) agirem de modo a favorecer uma visão menos monolíngue para os currículos de LE no EM e mais condizente com as propostas de Leis e estudos linguísticos.

A importância da introdução ao estágio para que os alunos se atualizem a respeito das leis que tratam do ensino de LEs na Educação Básica e que sustentam a obrigatoriedade do Espanhol no EM, das políticas linguísticas para a área das LEs e das possibilidades de atuação de diferentes agentes para a transformação necessária nos currículos de LEs nas escolas é promover nesses graduandos uma reflexão sobre sua responsabilidade como docentes de Língua Espanhola, a qual não se limitará a lecionar Espanhol. No contexto atual, é essencial que esses sujeitos assumam uma identidade de professor de Espanhol e que lutem pela inserção e manutenção desta disciplina nas escolas da forma mais adequada possível.

Na sequência, seria importante conseguir, com o órgão responsável pelo ensino de LEs na região ou na cidade, a lista de escolas com o idioma espanhol na matriz curricular do EM. Desse modo, o professor conseguiria aclarar para os alunos a situação da inserção deste idioma em contexto local e, a partir disso, organizar um plano para inserir esses alunos em campo de estágio.

Após a escolha do campo de estágio, é essencial aclarar para o professor da escola e para o graduando a necessidade do desenvolvimento de um trabalho colaborativo. Isso significa que esses dois sujeitos estão em uma via formativa de mão dupla, uma da formação inicial e outra da formação continuada. Assim, todos os envolvidos no processo de estágio passarão por um processo de formação, incluindo o professor de Ensino Superior responsável pela disciplina de estágio, uma vez que ele terá de mediar essa relação formativa e, nesse processo, rever suas concepções e conhecimentos a respeito das teorias e práticas que dizem respeito ao ensino de Espanhol.

Em uma perspectiva de trabalho colaborativo do professor em formação inicial com o professor em formação continuada, concordamos com Aroeira (2014, p. 136) de que o estágio seja um momento de reflexão da prática docente tanto para os estagiários quanto para os professores orientadores e professores da escola, de modo que todos eles tenham a oportunidade de "ressignificar suas identidades profissionais, que estão em constante construção, a partir das novas demandas que a sociedade coloca para ação docente na escola".

No movimento de ressignificação, o graduando terá papel fundamental como interlocutor entre as vivências da escola e as teorias e conhecimentos estudados na universidade, o que poderá possibilitar construção de novos saberes a respeito do ensino de Espanhol no contexto atual brasileiro. Nesse sentido, concordamos com Aroeira (2014, p. 136-137):

> O aluno em formação inicial, ao vivenciar o processo de estágio supervisionado no âmbito das instituições escolares, pode ser um interlocutor no momento de pesquisar as vivências do professor da escola e estudar as relações estabelecidas no encontro/confronto pelos professores da universidade. Diante disso, as trocas entre os professores da escola e da universidade poderão subsidiar a construção de novos saberes, além de aproximar os futuros professores das atividades profissionais, visto que, nessa perspectiva, o estágio preocupa-se não só em observar, mas também em problematizar, investigar e analisar a realidade escolar por meio de um processo mediado pela reflexão dos atores envolvidos.

Dessa forma, ao considerar as escolas em que o Espanhol consta na matriz curricular do EM preferencialmente e se pautar em uma perspectiva colaborativa de trabalho, o campo de estágio vai se aproximar da proposta das Diretrizes Curriculares Nacionais para a Formação Inicial e Continuada (2015), a qual destaca a articulação entre a teoria e a prática. Dessa maneira, o planejamento do campo de estágio precisa atentar para a vivência da prática com professores experientes e preocupados com a relação teoria/prática conforme o projeto de estágio prevê, que, neste caso, será um trabalho pautado na perspectiva dos gêneros discursivos com abertura para as discussões culturais e de identidade que envolvem o ensino do idioma.

Após a seleção das possíveis escolas para se desenvolver as ações do estágio, o professor da disciplina teria a tarefa de conhecer os professores de Espanhol das respectivas escolas e verificar seus planos de trabalho docente e sua disponibilidade para estabelecer um trabalho colaborativo para "o reconhecimento das instituições de educação básica

---

É possível que, em alguns contextos, o Espanhol não esteja inserido na matriz curricular das escolas públicas. Nesses casos, o professor de Estágio pode verificar como o referido idioma está inserido nas escolas (se em centro de idiomas/línguas ou em outra estrutura) e propor esse espaço como campo de estágio, ou ainda, buscar na rede particular escolas de EM que tenham o Espanhol no currículo.

como espaços necessários à formação dos profissionais do magistério" (Diretrizes Curriculares Nacionais para a Formação Inicial e Continuada, 2015, artigo 3º § 5º). Esse reconhecimento das escolas e professores que poderiam contribuir significativamente para a formação inicial dos graduandos teria a intenção direta de "articulação entre formação inicial e formação continuada" (Diretrizes Curriculares Nacionais para a Formação Inicial e Continuada, 2015, artigo 3º § 5º).

Nossa proposta, portanto, é que a disciplina de estágio garanta, o máximo possível, a construção de um campo de estágio em que os graduandos tenham acesso a um contexto escolar e às práticas de um professor de Espanhol preocupado em articular a teoria com a prática contemplando os princípios formativos colaborativos do projeto da disciplina de estágio. Ainda, na perspectiva defendida nesta obra, parte desses princípios formativos se relaciona com um ensino de Espanhol pautado em uma concepção discursiva de língua, na teoria dos gêneros discursivos e no trabalho com aspectos culturais e de identidade.

Assim, o professor ministrante da disciplina de estágio será o maior responsável pela organização do referido campo. Se ele conseguir aliar o projeto de sua disciplina a um trabalho pedagógico do docente de Espanhol no EM, então a relação teoria/prática tenderá a obter mais sucesso ao longo do processo formativo. Isso significa que a disciplina de estágio se abrirá para o diálogo direto com o EM, uma vez que o professor de Espanhol da escola poderá perceber-se realmente contribuinte da formação do graduando; em contrapartida, este, ao planejar aulas buscando uma aproximação da teoria que está estudando com a prática que está vivenciando, poderá comunicar a atualização dos conhecimentos pedagógicos, teóricos e didáticos ao professor que já está lecionando. Esperamos, assim, que tanto o professor em atuação quanto o graduando se entreguem a um processo formativo que se embasa fortemente na práxis.

Essa organização inicial da disciplina, focando a construção de uma identidade docente do professor de Espanhol preocupado com as políticas linguísticas, com a inserção do referido idioma nos currículos e com a escolha de escolas que possam favorecer a práxis, será fundamental para se evitar alguns problemas que já foram relatados por estudiosas da questão dos estágios. Entre eles, está o entendimento da disciplina como o momento do graduando imitar modelos sem questionar, ou ainda, como o momento de praticar técnicas.

Segundo Pimenta e Lima (2008, p. 37),

> *Nessa perspectiva, a atividade de estágio fica reduzida à hora da prática, ao "como fazer", às técnicas a ser empregadas em sala de aula, ao desenvolvimento de habilidades específicas do manejo de classe, ao preenchimento de fichas de observação, diagramas, fluxogramas.*

Portanto, o estágio supervisionado para o ensino da Língua Espanhola precisa se voltar para a práxis e, ao fazer isso, torna-se uma atividade teórica para a transformação da realidade. Sendo assim, esse estágio ganhará uma qualidade de "atividade teórica de conhecimento, fundamentação, diálogo e intervenção na realidade, esta, sim, objeto da práxis" (Pimenta; Lima, 2008, p. 45).

E, como buscar a práxis, essa unidade teoria e prática, como atividade que pode transformar a realidade do Espanhol no EM? O primeiro passo, com as sugestões sobre a organização do campo de estágio, já foi dado. É essencial encontrar professores de EM que sejam parceiros na formação dos graduandos e que estejam dispostos a colaborar com o projeto da disciplina de estágio na mesma medida em que o estágio estará disposto a colaborar com o planejamento anual desses professores; nessa troca, a formação inicial e a continuada vão-se complementar.

Então, passemos aos próximos passos.

Se, para o professor de Espanhol do EM, é importante conhecer a proposta do estágio supervisionado e estar disposto a colaborar com ela, da mesma forma é importante que os graduandos conheçam bem tal proposta e saibam que essa experiência com o estágio precisará superar a ideia de imitação e da hora da prática, ou seja, que o objetivo principal é buscar uma práxis no que se refere ao ensino da Língua Espanhola na perspectiva dos gêneros discursivos considerando os aspectos culturais e questões de identidade. Para isso, os graduandos terão de realizar estudos teóricos e se posicionar criticamente para uma aproximação das teorias estudadas na disciplina com a realidade vivenciada na escola.

Portanto, após a definição do campo de estágio, o professor da disciplina precisa esclarecer que tipo de estágio será desenvolvido, os objetivos desse estágio e as formas de trabalho para atingir tais objetivos. Para as discussões sobre o formato do estágio, poderão ser lidos textos que abordem a função desta disciplina nas licenciaturas, a perspectiva colaborativa de formação e a importância da teoria e da pesquisa para a superação de uma visão tecnicista de ensino de Línguas. Tendo a oportunidade de debater o estágio supervisionado como um espaço da práxis e colaboração formativa, os graduandos estarão cientes de que serão avaliados por sua efetividade em buscar maneiras de aproximar as teorias estudadas das práticas vivenciadas e também por sua criticidade e não reprodução de modelos. Assim, deverão encontrar, nesta disciplina, a oportunidade de experimentar o ensino da Língua Espanhola objetivando transformar a realidade que encontraram.

Além disso, é importante que os graduandos tenham o conhecimento de todas as atividades do processo formativo que vivenciarão e de como serão avaliados. Considerando as horas que precisam ser cumpridas, além das aulas na universidade, fazemos a sugestão do seguinte arranjo de atividades para um ano letivo:

> Por compreender que cada contexto educacional tem suas necessidades e modos próprios de organização, não estipulamos horas exatas para cada uma das atividades. No caso de habilitação única, o professor de Estágio poderá utilizar a mesma estrutura para organizar a disciplina, sendo que no terceiro ano os graduandos trabalharão com um nível de ensino (Ensino Fundamental, por exemplo) e, no 4º ano, com outro (Ensino Médio, por exemplo).

a) o primeiro semestre de observação participativa com ida semanal à escola;
b) o primeiro semestre de inserções breves nas aulas de Espanhol como forma de se

> Nesse momento, é fundamental definir se as inserções breves e as regências serão ou não desenvolvidas na LE. Por nossa experiência, quanto mais utilizar a LE com os alunos do EM, melhores resultados o graduando terá em termos de aproveitamento e aprendizagem desses alunos. Além disso, o uso do Espanhol nas aulas não tem sido empecilho para atingir os objetivos de ensino-aprendizagem.

preparar para as regências e poder construir repertório para análise da prática;

c) o primeiro semestre de elaboração de SD a ser utilizada nas regências, com planos de aula para aplicação da SD;

d) o primeiro semestre de orientação para inserções breves, planos de aulas, SDs;

e) o segundo semestre de aplicação de SD (pelo menos, oito aulas) e escrita de texto de análise de aplicação de SD e da experiência das regências;

f) o segundo semestre para comentários individuais sobre regências.

A seguir, explicaremos formas de se trabalhar com cada uma das atividades sugeridas anteriormente.

A observação participativa é o momento de o graduando estar em sala de aula com o professor de Espanhol do EM construindo uma relação pedagógica e iniciando a perspectiva colaborativa de formação. Antes de iniciar essas observações, o professor responsável pela disciplina de Estágio precisa esclarecer alguns pontos para os graduandos; entre eles, a observação participativa significa que o graduando estará nas aulas de Espanhol não somente para sentar-se e observar o que ocorre, mas também para iniciar uma prática à docência sempre sob orientação do professor mais experiente (assim, o graduando poderá auxiliar os alunos do EM na realização de exercícios, atividades, projetos propostos; poderá corrigir exercícios, textos, entre outros; poderá cuidar da correção e organização da lousa; poderá cuidar e organizar o livro de chamada, entre outros).

Outro ponto importante sobre a observação participativa é que o graduando precisa selecionar alguns aspectos dessa observação para compartilhar nas aulas de estágio na universidade; sendo assim, ele pode ser orientado a anotar os momentos em que as aulas de Espanhol do EM se aproximam das teorias discutidas na disciplina e como ocorreu essa aproximação. Nesse processo de observação participativa atenta à práxis, a qual será compartilhada entre todos os graduandos nas aulas de estágio, é esperada uma construção de repertório de vivências que favoreça a compreensão de como pode ocorrer uma interseção de teoria e prática. Além disso, espera-se que graduandos consigam se posicionar criticamente a esse repertório e ampliá-lo, sugerindo outras maneiras de interferir naquela realidade escolar de modo a atingir a práxis.

Após o primeiro mês de observação participativa, os graduandos podem começar a se preparar para breves inserções nas aulas de Espanhol no EM. Por breves inserções, entendemos um trabalho voltado à análise da atividade idealizada por Yves Clot, pesquisador do Conservatoire National de Arts e Métiers (CNAM) em Paris. Segundo o autor (2006, p. 127), a análise da atividade, a qual ele chama de clínica da atividade, seria uma "análise psicológica do trabalho", para se trabalhar com um sujeito ou grupo em dada situação.

A análise do trabalho significa que o sujeito ou grupo se referirão "àquilo que os homens fazem com as provações pelas quais passam e das soluções que eles encontram, ou não encontram, a fim de enfrentá-las". Para tal análise, Clot pauta-se em pressupostos de Vigotski, porque, para analisar sua atividade, o sujeito ou o grupo precisarão confrontar os conceitos espontâneos com os científicos. Isso garante o espaço da zona de desenvolvimento proximal, no qual o sujeito por meio da análise de sua prática em relação a uma teoria, acabará transformando-se. Neste sentido, e aí Clot (2006, p. 130) refere-se a pressupostos de Bakhtin também, "a análise do trabalho é inseparável da transformação deste último [...]. Compreender, observava Bakhtin, é pensar um novo contexto".

Para realizar essa análise da atividade, sugerimos que o graduando faça, ao longo das observações participativas, um planejamento com o professor de Espanhol do EM, de forma que possa assumir, de dez a quinze minutos, de três a cinco aulas diferentes objetivando levar para sua prática a(s) teoria(s) debatida(s) na universidade. Esses momentos de inserção devem ser gravados para que, nas aulas de estágio, possa-se fazer a autoconfrontação simples de somente um desses episódios. Sugerimos que o graduando escolha o episódio que avalia ser o mais bem-sucedido.

A autoconfrontação simples refere-se à análise da atividade realizada pelo sujeito, a qual lhe está sendo transmitida em forma de vídeo. Ou seja, teremos uma imagem para analisar de cada um dos graduandos. Nesse processo de análise, objetiva-se uma reflexão do sujeito, e depois com todo o restante da turma, dos objetivos de ensino-aprendizagem da atividade específica, de como eles aproximam as teorias estudadas da prática (ou não) e os motivos que levaram o graduando a atuar de determinada maneira e não de outra.

Ao final da análise dos vídeos, sugerimos que o professor da disciplina de Estágio, em colaboração com graduandos, elabore um roteiro a respeito de diversos pontos verificados nos vídeos para registrar possíveis formas de avaliação das regências. Assim, os graduandos estarão mais preparados e cientes com relação aos aspectos que serão analisados e avaliados pelo professor da disciplina de Estágio quando ele assistir às regências.

> O modo como o estágio será acompanhado, principalmente as regências, variará nas diversas instituições de Ensino Superior. O ideal, em nosso entendimento, é que o professor de Espanhol possa se dedicar somente a ela com um número reduzido de alunos, de modo que ele esteja presente em pelo menos 50% das regências e, com isso, consiga aprofundar a discussão da relação teoria e prática no ensino de Espanhol. Defendemos que, quanto mais o professor de Estágio tiver a possibilidade de acompanhar e discutir o modo como seus graduandos promovem a práxis, melhor serão os resultados do processo formativo desses alunos.
> No caso da impossibilidade de comparecer às regências, o professor pode recorrer à gravação, selecionar alguns episódios que considere mais significativos e, por meio da autoconfrontação, discutir a efetivação da práxis. Sugerimos que a autoconfrontação das regências seja conduzida individualmente e não com toda a turma.

A seguir, está um exemplo desse roteiro, referente ao tópico de ensino de gramática:

Enseñanza de gramática	Sí	No	Más o Menos
Utilización de método inductivo: la regla debe ser construida con la ayuda de alumnos/as a partir del género textual estudiado.			
La regla debe ser escrita en la pizarra con ayuda de alumnos/as.			
Después de la regla clarificada, es necesario hacer ejercicios estructurales.			
Los/as alumnos/as hacen los ejercicios. El/La profesor/a camina por la clase mientras alumnos/as terminan actividad.			
La corrección de los ejercicios estructurales debe estar en la pizarra y debe ser hecha con ayuda de alumnos/as.			
El/La prof/a demostró dominio del contenido gramatical trabajado.			

É importante ressaltar que essas breves inserções precisam ser orientadas tanto pelo professor de Espanhol da escola quanto pelo professor da disciplina de Estágio. Os graduandos terão de elaborar planejamento e materiais para todos os momentos de inserção, os quais terão orientação e revisão do professor da universidade e aprovação do professor de EM.

Após o primeiro mês de observação participativa e início das breves inserções, os graduandos já terão conhecido a turma de EM com a qual desenvolverão as regências para conseguir, em comum acordo com o professor de Espanhol responsável pela turma e considerando também o plano de trabalho docente, eleger um tema e um gênero discursivo para elaborar a SD.

De acordo com nossa experiência, o processo de elaboração da SD leva por volta de quatro meses e são necessárias, pelo menos, três versões para que o graduando atinja os objetivos de aproximar as teorias estudadas com a prática. Desse modo, a construção da SD é uma das formas de concretização, materialização dos debates teóricos, didáticos e pedagógicos para o ensino de Espanhol que foram promovidos na disciplina. Portanto, é elemento fundamental para avaliar se o graduando está conseguindo compreender a práxis conforme o projeto do estágio.

Na SD, esperamos que surjam os seguintes conteúdos (considerando oito aulas de regência): tema e gênero discursivo como eixos que conduzirão toda a construção da SD; trabalho com aspectos culturais e questões de identidade a partir de tema e gênero propostos; estudo e prática de aspecto gramatical que derivará da construção do gênero discursivo; uso das quatro habilidades (que tanto na recepção quanto na produção da Língua Espanhola deverá ocorrer com a utilização de textos autênticos) de forma integrada colaborando para a compreensão, produção e aprofundamento do gênero discursivo (oral ou escrito) em foco.

Após a finalização da análise das breves inserções e elaboração das SDs, chega o momento de os graduandos aplicarem a SD no formato de regências, com a sugestão de um total de oito aulas. Por nossa experiência, consideramos que oito aulas sejam o número mínimo para se conseguir aplicar a SD conforme propomos aqui. Além disso, como a Língua Espanhola é inserida, geralmente, com duas aulas semanais no currículo do EM, o graduando terá um mês de trabalho para completar o círculo da SD, o que consideramos tempo razoável para que ele consiga vivenciar a relação teoria/prática.

Ao término da aplicação da SD, ele terá a tarefa de escrever um texto analisando como ocorreu tal aplicação e de que forma sua prática docente colaborou (ou não) para a efetivação da práxis. Nesse conteúdo, espera-se que se revelem os pressupostos teóricos que embasaram as práticas realizadas e se tal concretização das práticas favoreceu ou não a aprendizagem. Além disso, o graduando pode apontar alguns trechos das produções dos alunos do EM para analisar de que modo os gêneros discursivos foram aprendidos.

Para concluir a caminhada formativa na disciplina, temos o momento dos comentários finais para os graduandos. O professor da disciplina de Estágio pode utilizar, além dos apontamentos das regências assistidas, os textos produzidos pelos graduandos para fazer esses comentários (sugerimos que sejam feitos em encontros presenciais e individuais) sobre todo o processo da prática, tanto na concretização quanto na aplicação da SD nas oito aulas. Nesse encontro individual com os graduandos, é importante que o professor aproveite a oportunidade para avaliar em que medida sua disciplina colaborou para uma compreensão da práxis e para a construção da identidade docente do futuro professor de Espanhol.

Espera-se, ainda, que, nesse diálogo direto com o professor, os graduandos expressem os motivos que os levaram a tomar determinadas decisões didáticas e pedagógicas e não outras e como essas decisões facilitaram ou não a aprendizagem dos alunos do EM e a concretização da práxis.

A sessão de comentários individuais com cada aluno, portanto, não objetiva criticar a atuação em sala de aula, mas sim avaliar em que medida o graduando é capaz de construir um processo de autocrítica estabelecendo uma relação com as teorias estudadas. Além disso, é fundamental que o graduando consiga revisitar as teorias a partir das práticas vivenciadas, ou seja, as discussões teóricas da disciplina contribuíram para uma efetiva aprendizagem dos alunos do EM, propiciando mais qualidade para as aulas de Espanhol e transformando algumas limitações apontadas no processo das observações?

Nessa proposta para o estágio em Língua Espanhola, levantamos um entendimento de formação que motiva o graduando a contar com a teoria para criar uma prática, mas, ao mesmo tempo, criticar a teoria por meio da prática vivenciada e, na crítica, galgar novos caminhos. Assim, buscar uma prática fundamentada em teorias que, por sua vez, não se limitam à repetição, mas sim almejam crítica e criação constantes é apostar em uma perspectiva formativa nos estágios pautada na pesquisa.

Segundo Pimenta e Lima (2008, p. 46), no estágio, a pesquisa é um método de formação de professores e ocorre da seguinte forma:

> [...] se traduz, de um lado, na mobilização de pesquisas que permitam a ampliação e análise dos contextos onde os estágios se realizam; por outro, e em especial, se traduz na possibilidade de os estagiários desenvolverem postura e habilidades de pesquisador a partir das situações de estágio, elaborando projetos que lhes permitam ao mesmo tempo compreender e problematizar as situações que observam.

Assim, todo o processo formativo embasado na práxis, com a observação participativa que permitirá as inserções breves (que serão analisadas e debatidas por meio da autoconfrontação) e a construção de conhecimentos para a elaboração da SD, com a construção, aplicação e análise da aplicação da SD, com o momento de comentários finais, possibilitará ao graduando recorrer à pesquisa para fundamentar sua prática, uma vez que sempre será exigido dele um posicionamento crítico sobre as escolhas que decidiu fazer para ensinar a Língua Espanhola. Ademais, o professor da escola, também envolvido no estágio por meio de um trabalho colaborativo, passará por um processo de formação continuada.

Com isso, esperamos que a disciplina de Estágio contribua significativamente para a formação inicial e continuada de um professor-crítico reflexivo e, consequentemente, para um ensino de Espanhol de qualidade no EM brasileiro, pautado nos gêneros discursivos, nos aspectos culturais, nas questões de identidade e na práxis.

Referências

ABELLA, Rosa María Rodríguez; GISBERT, María Valero. La gramática para comunicar: una propuesta inductiva. En: CONGRESO INTERNACIONAL DE ASELE, IX., 1998, Milán. *Actas...* Milán: Centro Virtual Cervantes, 1998. Disponible en: <http://cvc.cervantes.es/ensenanza/biblioteca_ele/asele/pdf/09/09_0436.pdf> Acceso em: 10 abr. 2013.

ALVES, Ieda Maria. O léxico na língua falada. In: PRETTI, Dino (Org.). *Análise de textos orais.* São Paulo: FFLCH, 1993.

ANTUNES, Irandé. *Aula de português:* encontro e interação. São Paulo: Parábola Editorial, 2003.

_____. *Muito além da gramática:* por um ensino de línguas sem pedras no caminho. São Paulo: Parábola Editorial, 2007.

ARISTOS. *Diccionario Ilustrado de la Lengua Española.* Barcelona: Editorial Ramon Sopena, 1999.

AROEIRA, Kalline Pereira. Estágio supervisionado e possibilidades para uma formação com vínculos colaborativos entre a universidade e a escola. In: ALMEIDA, Maria Isabel de; PIMENTA, Selma Garrido (Orgs.). *Estágios supervisionados na formação docente.* São Paulo: Cortez Editora, 2014. v. 1.

AZEVEDO, Aline da Silva. *Reconstruindo identidades discursivas de raça na sala de aula de língua estrangeira.* 2010. Dissertação (Mestrado em Interdisciplinar Linguística Aplicada) – Universidade Federal do Rio de Janeiro, Rio de Janeiro, 2010.

BAGNO, Marcos. A inevitável travessia: da prescrição gramatical à educação linguística. In: BAGNO, Marcos; STUBBS, Michael; GAGNÉ, Gilles. *Língua Materna:* letramento, variação e ensino. São Paulo: Parábola Editorial, 2002.

REFERÊNCIAS

BAKHTIN, Mikhail. *Estética da criação verbal*. São Paulo: Martins Fontes, 2003.

BAPTISTA, Lívia Márcia Tiba Rádis. Traçando caminhos: letramento, letramento crítico e ensino de espanhol. In: BARROS, Cristiano Silva de; COSTA, Elzimar Goettenauer de Marins (Coords.). *Espanhol:* ensino médio. Brasília, DF: Ministério da Educação/ Secretaria de Educação Básica, 2010. v. 16. (Explorando o Ensino).

BARROS, Diana Luz Pessoa. Contribuições de Bakhtin às teorias do discurso. In: BRAIT, Beth (Org.). *Bakhtin, dialogismo e construção do sentido*. Campinas: Editora da Unicamp, 2005.

BARROS, Jaqueline da Silva. *Identidades sociais de classe, gênero e raça/etnia representadas no livro didático de espanhol como língua estrangeira*. 2013. 124 f. Dissertação (Mestrado em Linguística Aplicada) – Universidade de Brasília, Brasília, DF, 2013.

BECHARA, Evanildo. *Minidicionário da Língua Portuguesa*. Rio de Janeiro: Nova Fronteira, 2009.

BRASIL. Lei n. 9.394, de 20 de dezembro de 1996. Estabelece as diretrizes e bases da educação nacional. *Diário Oficial da República Federativa do Brasil*, Brasília, DF, 1996. Disponível em: <https://www.planalto. gov.br/ccivil_03/Leis/L9394.htm>. Acesso em: 11 ago. 2015.

_____. Lei n. 10.639/2003, de 9 de janeiro de 2003. Altera a Lei n. 9.394, de 20 de dezembro de 1996, que estabelece as diretrizes e bases da educação nacional, para incluir no currículo oficial da Rede de Ensino a obrigatoriedade da temática "História e Cultura Afro-Brasileira", e dá outras providências. *Diário Oficial da República Federativa do Brasil*, Brasília, DF, 2003. Disponível em: <http://www.planalto.gov.br/ccivil_03/Leis/2003/L10.639.htm>. Acesso em: jun. 2016.

_____. Lei n. 11.161/2005. Dispõe sobre o ensino da língua espanhola. *Diário Oficial da República Federativa do Brasil*, Brasília, DF, 8 ago. 2005. Disponível em: <http://www.planalto.gov.br/ccivil_03/_Ato2004-2006/2005/Lei/ L11161.htm>. Acesso em: 20 mar. 2014.

_____. Lei n. 11.645/2008. Altera a Lei n. 9.394, de 20 de dezembro de 1996, modificada pela Lei n. 10.639, de 9 de janeiro de 2003, que estabelece as diretrizes e bases da educação nacional, para incluir no currículo oficial da rede de ensino a obrigatoriedade da temática "História e Cultura Afro-Brasileira e Indígena". *Diário Oficial da República Federativa do Brasil*, Brasília, DF, 2008. Disponível em: <http://www.planalto.gov.br/ccivil_03/_Ato2007-2010/2008/Lei/L11645.htm>. Acesso em: jun. 2016.

_____. MINISTÉRIO DA EDUCAÇÃO. SECRETARIA DE EDUCAÇÃO BÁSICA. FUNDO NACIONAL DE DESENVOLVIMENTO DE EDUCAÇÃO. *Guia de Livros Didáticos PNLD 2011:* Língua Estrangeira Moderna – anos finais do Ensino Fundamental. Brasília, DF: Ministério da Educação, Secretaria de Educação Básica,

2010. Disponível em: <http://www.fnde.gov.br/programas/livro-didatico/guias-do-pnld/item/2349-guia-pnld-2011-%E2%80%93-anos-finais-do-ensino-fundamental>. Acesso em: jun. 2016.

BRASIL. SECRETARIA DE EDUCAÇÃO BÁSICA. *Linguagens, códigos e suas tecnologias.* Brasília, DF: Ministério da Educação, Secretaria de Educação Básica, 2006. v. 1. (Orientações Curriculares para o Ensino Médio). Disponível em: <http://portal.mec.gov.br/seb/arquivos/pdf/book_volume_01_internet.pdf>. Acesso em: jun. 2016.

_____. *Parâmetros Curriculares Nacionais:* Ensino Médio – linguagens, códigos e suas tecnologias. Brasília, DF: Ministério da Educação, Secretaria de Educação Básica, 2000. Disponível em: <http://portal.mec. gov.br/seb/arquivos/pdf/14_24.pdf>. Acesso em: jun. 2016.

_____. SECRETARIA DE EDUCAÇÃO MÉDIA E TECNOLÓGICA. *Linguagens, códigos e suas tecnologias:* PCN+ Ensino Médio. Brasília, DF: Ministério da Educação, Secretaria de Educação Média e Tecnológica, 2002. (Orientações educacionais complementares aos Parâmetros Curriculares Nacionais). Disponível em: <http://portal.mec.gov.br/seb/arquivos/pdf/linguagens02.pdf>. Acesso em: jun. 2016.

_____. *Resolução CNE/CP n. 2/2015.* Define as Diretrizes Curriculares Nacionais para a Formação Inicial em Nível Superior (Cursos de Licenciatura, Cursos de Formação Pedagógica para Graduados e Cursos de Segunda Licenciatura) e para a Formação Continuada. Brasília, DF: Ministério da Educação, Conselho Nacional de Educação, 2015. Disponível em: <http://www.ilape.edu.br/legislacao/resolucoes>. Acesso em: 28 jan. 2016.

_____. *Parecer CNE/CP n. 2/2015.* Diretrizes Curriculares Nacionais para a Formação Inicial e Continuada dos Profissionais do Magistério da Educação Básica. Disponível em: <http://pronacampo.mec.gov.br/images/pdf/parecer_cne_cp_2_2015_aprovado_9_junho_2015.pdf>. Acesso em: 27 jun. 2016.

_____. *Parecer CNE/CP n. 28/2001.* Dá nova redação ao Parecer CNE/CP 21/2001, que estabelece a duração e a carga horária dos cursos de Formação de Professores da Educação Básica, em nível superior, curso de licenciatura, de graduação plena. Disponível em: <http://portal.mec.gov.br/cne/arquivos/pdf/028.pdf>. Acesso em: 27 jun. 2016.

BUENO, Wilson. *Mar paraguayo.* São Paulo: Perspectiva, 1992.

CANDAU, Vera (Org.). *Didática:* questões contemporâneas. Rio de Janeiro: Forma e Ação, 2009.

CANDIDO, Antonio. O direito à Literatura. In: _____. *Vários escritos.* São Paulo: *Duas Cidades*, 1995.

CAPDEVILA, Analía. La enseñanza de la literatura como problema teórico. In: CUADERNO 1 DEL CENTRO DE ESTUDIOS SOBRE LA ENSEÑANZA DE LA LITERATURA. Rosario: URN, 1997

Referências

CELADA, Maria Teresa. Acerca del errar por el portuñol. *Revista Tsé Tsé*, Buenos Aires, v. 7/8. 2000. p. 262-264.

CESTEROS, Susana Pastor. *Aprendizaje de segundas lenguas*: lingüística aplicada a la enseñanza de idiomas. Alicante: Publicaciones de la Universidad de Alicante, 2006.

CLOT, Yves. *A função psicológica do trabalho*. Petrópolis: Vozes, 2006.

CORRÊA, Ângela. *A los negros argentinos salud*. Buenos Aires: Nuestra América, 2006.

COSSON, Rildo. *Letramento literário:* teoria e prática. São Paulo: Contexto, 2014.

COSTA JÚNIOR, José Carlos da. Crescimento das licenciaturas em letras-espanhol no Brasil entre 2010-2015 e estudo de caso do ensino de espanhol a nível fundamental e médio do município de Juiz de Fora. In: COLÓQUIO DO Geppele, III., 2015, Fortaleza. *Anais...* Fortaleza: Universidade Federal do Ceará, 2015, p. 129-141.

CRUCES, Guillermo; DOMENCH, Carolina García; PINTO, Florencia. *Datos sobre población afrodescendiente en censos y encuestas de hogares de América Latina:* Proyecto Regional Población Afrodescendiente de América Latina II del Programa de Las Naciones Unidas para el Desarrollo, 2012. Disponible en: <http://www.afrodescendientes-undp.org/FCKeditor_files/ File/VISIBILIDAD_ESTADISTICA_2012.pdf>. Acceso en: 2 abr. 2013.

CUCHE, Dennys. *A noção de cultura nas ciências sociais*. 2. ed. Bauru: EDUSC, 2002.

DIONISIO, Ângela Paiva. Verbetes: um gênero além do dicionário. In: _____; MACHADO, Anna Rachel; BEZERRA, Maria Auxiliadora (Orgs.). *Gêneros textuais e ensino*. São Paulo: Parábola Editorial, 2010.

DOLZ, Joaquim; NOVERRAZ, Michèle; SCHNEUWLY, Bernard. Sequências didáticas para o oral e a escrita: apresentação de um procedimento. In: SCHNEUWLY, Bernard; DOLZ, Joaquim (Orgs.). *Gêneros orais e escritos na escola*. Campinas: Mercado de Letras, 2004.

FARACO, Carlos Emílio; MOURA, Francisco Marto de; MARUXO JÚNIOR, José H. *Língua portuguesa*: linguagem e interação. São Paulo: Ática, 2012.

FERREIRA, Aparecida de Jesus (Org.). *As políticas do livro didático e identidades sociais de raça, gênero, sexualidade e classe em livros didáticos*. Campinas: Pontes, 2014a.

_____. *Identidades sociais de raça, etnia, gênero e sexualidade:* práticas pedagógicas em sala de aula de línguas e formação de professores/as. Campinas: Pontes Editores, 2012.

_____. Identidades sociais de raça, gênero, sexualidade e classe nos livros didáticos de língua estrangeira na perspectiva da linguística aplicada. In: _____. (Org.). *As políticas do livro didático e identidades sociais de raça, etnia, gênero, sexualidade e classe em livros didáticos*. Campinas: Pontes Editores, 2014b.

FERREIRA, Aparecida de Jesus. *Formação de professores raça/etnia:* reflexões e sugestões de materiais de ensino em português e inglês. Cascavel: Coluna do Saber, 2006.

_____. Narrativas autobiográficas de professoras(es) de línguas na universidade: letramento racial crítico e teoria racial crítica. In: _____ (Org.). *Narrativas autobiográficas de identidades sociais de raça, gênero, sexualidade e classe em estudos da linguagem*. Campinas, Pontes Editores, 2015.

FRANCO, Maria Amélia Santoro. Didática e Pedagogia: da teoria de ensino à teoria da formação. In: _____; PIMENTA, Selma Garrido (Orgs.). *Didática: embates contemporâneos*. São Paulo: Loyola, 2010.

GARCÍA MARTÍNEZ, Alfonso; ESCARBAJAL FRUTOS, Andrés; ESCARBARAL DE HARO, Andrés. *La interculturalidad. Desafío para la educación*. Madrid: Dykinson, 2007.

GARGALLO, Isabel Santos. *Lingüística aplicada a la enseñanza-aprendizaje del español como lengua extranjera*. Madrid: Arco Libros, 2004.

GIL, Antonio Carlos. *Métodos e técnicas de pesquisa social*. São Paulo, Atlas, 2008. Disponível em: <http://www.moodle.ufba.br/file.php/12618/Livro_Antonio_Carlos_Gil.pdf>. Acesso em: 7 set. 2013.

GIRONDO, Oliverio. *Espantapájaros (al alcance de todos)*. Oliverio Girondo: edición crítica; Raúl Antelo, coordinador. In: _____. *Obra completa*. Madrid; Barcelona; Lisboa; Paris; México; Buenos Aires; São Paulo; Lima; Guatemala; San José; Santiago de Chile: ALLCA XX, 1999.

GOMES, Nilma Lino; SILVA, Petronilha Beatriz Gonçalves. *Experiências étnico-culturais para a formação de professores*. Belo Horizonte: Autêntica, 2002.

GOMEZ, Miriam. Introducción. In: CORRÊA, Ângela. *A los negros argentinos salud*. Buenos Aires: Nuestra América, 2006.

GONZÁLEZ, Neide Maria. A importância da formação inicial e continuada na atual conjuntura de implantação do ensino de espanhol nas escolas brasileiras. In: BARROS, Cristiano Silva de; COSTA, Elzimar Goettenauer de Marins (Orgs.). *Se hace camino al andar: reflexões em torno do ensino de espanhol na escola*. Belo Horizonte: Faculdade de Letras da UFMG, 2012.

GRAN ESPASA ILUSTRADO. Madrid: Espasa Calpe, 1997.

Referências

GUINIER, Lani. From racial liberalism to racial literacy: Brown v. Board of Education and the interest-divergence dilemma. *The Journal of American History*, Mississipi, v. 91, n. 1, p. 92-118, 2004.

GUTIÉRREZ, Horácio. Crioulos e africanos no Paraná (1708-1830). *Revista Brasileira de História*. São Paulo, p. 161, 1988. Disponível em: <http://www.educadores.diaadia.pr.gov.br/arquivos/File/julho2013/historia_artigos/gutierrez.pdf>. Acesso em: jun. 2016.

HALL, Stuart. A centralidade da cultura: notas sobre as revoluções culturais do nosso tempo. *Educação e Realidade*, Porto Alegre, v. 22, n. 2, p. 15-46, jul.-dez. 1997.

_____. El espectáculo del "Otro". In: HALL, Stuart. *Sin garantías. Trayectorias y problemáticas en estudios culturales*. Popayán-Lima-Quito: Envión Editores-IEP- Instituto Pensar-Universidad Andina Simón Bolívar. [1997]. 2010. p. 419-446. Disponível em: <http://www.ram-wan.net/restrepo/hall/el%20espectaculo%20del%20otro.pdf>. Acesso em: maio 2014.

_____. Que "negro" é esse na cultura negra. In: HALL, Stuart; SOVIK, Liv (Orgs.). *Da diáspora:* identidades e mediações culturais. Belo Horizonte: Editora da UFMG; Brasília, DF: Unesco, 2003.

HILA, Cláudia Valéria Doná. Ressignificando a aula de leitura a partir dos gêneros textuais. In: NASCIMENTO, Elvira Lopes (Org.). *Gêneros textuais*: da didática das línguas aos objetos de ensino. São Carlos: Claraluz, 2009.

HOEY, Michael. Textual interaction: an introduction to written discourse analysis. London: Routdledge, 2001.

HOOKS, Bell. Linguagem: ensinar novas paisagens/novas linguagens. Tradução de Carlianne Paiva Gonçalves, Joana Plaza Pinto e Paula de Almeida Silva. *Revista Estudos Feministas*. Florianópolis, v. 16, n. 3, p. 857-864, dez. 2008.

HOUAISS, Antônio; VILLAR, Mauro de Salles. *Dicionário Houaiss da Língua Portuguesa*. Rio de Janeiro: Objetiva, 2001.

JOVINO, Ione da Silva. Representação de negros e negras num livro didático de espanhol: alguns apontamentos. In: FERREIRA, Aparecida De Jesus (Org.). *As políticas do livro didático e identidades sociais de raça, gênero, sexualidade e classe em livros didáticos*. Campinas: Pontes Editores, 2014.

LIBÂNEO, José Carlos. O campo teórico e profissional da Didática hoje: entre Ítaca e o canto das sereias. In: FRANCO, Maria Amélia Santoro; PIMENTA, Selma Garrido (Orgs.). *Didática:* embates contemporâneos. São Paulo: Loyola, 2010.

_____. Reflexividade e formação de professores: outra oscilação do pensamento pedagógico brasileiro. In: PIMENTA, Selma Garrido; GHEDIN, Evandro (Orgs.). *Professor reflexivo no Brasil: gênese e crítica de um conceito*. 3. ed. São Paulo: Cortez Editora, 2005.

LOPES, Nei. *Enciclopédia Brasileira da Diáspora Africana*. São Paulo: Selo Negro, 2004.

_____. *Novo Dicionário Banto do Brasil*. 2. ed. Rio de Janeiro: Pallas, 2012.

LUCKESI, Cipriano Carlos. *Avaliação da aprendizagem:* componente do ato pedagógico. São Paulo: Cortez Editora, 2011.

MACHADO, Irene. Gêneros discursivos. In: BRAIT, Beth (Org.). *Bakhtin:* conceitos-chave. São Paulo: Contexto, 2010.

MARCUSCHI, Luiz Antônio. Gêneros textuais: definição e funcionalidade. In: BEZERRA, Maria Auxiliadora; DIONÍSIO, Angela Paiva; MACHADO, Anna Rachel (Orgs.). *Gêneros textuais e ensino*. Rio de Janeiro: Lucerna, 2005.

_____. *Produção textual, análise de gêneros e compreensão*. São Paulo: Parábola Editorial, 2008.

MOITA LOPES, Luiz Paulo. *Identidades fragmentadas:* a construção discursiva de raça, gênero e sexualidade em sala de aula. Campinas: Mercado de Letras, 2002.

MOLINA-GARCÍA, María José. El texto literario en las aulas desde una perspectiva intercultural. In: LÓPEZ, José Luis Belmonte (Coord.). *Diversidad cultural y educación intercultural*. Melilla: Geepp Ediciones, 2013. Disponible en: <http://www.stes.es/melilla/archivos/libro_diversidad_cultural/Pdfs/Diversidad%20Cultural.pdf>. Acceso en: 15 jun. 2015.

MORÍNIGO, Marcos A. *Nuevo diccionario de americanismos e indigenismos*. Buenos Aires: Claridad, 1998.

MOSLEY, Melissa. That really hit me hard': moving beyond passive anti-racism to engage with critical race literacy pedagogy. *Race Ethnicity and Education*, Oxford, v. 13, n. 4, p. 449-471, 2010.

NERUDA, Pablo. *El pájaro yo*. 1996. Disponible en: <http://www.neruda.uchile.cl/obra/obraartepajaros4.html>. Acceso en: jun. 2016.

NEVES, Maria Helena de Moura. Gramática: reflexões sobre um percurso de elaboração de manuais. *Revista da Associação Brasileira de Linguística*, Curitiba, v. eletrônico, n. especial, p. 33-51, 1ª parte, 2011. Disponível em: <http://www.abralin.org/site/data/uploads/revistas/2011-vol-especial-1o-parte/gramatica.pdf>. Acesso em: 7 set. 2013.

OBESO, Rutsely Simarra. La lengua palenquera: una experiencia cosmovisionaria, significativa y creativa de lós palenqueros descendientes de la diáspora africana en Colombia. *Revista Anaconda*, Bogotá, n. 8, [s.d].

OLIVEIRA, Stella Sanches de. A presença da disciplina escolar língua francesa na legislação educacional secundária brasileira: 1931-1942. In: JORNADA DO HISTEDBR: O TRABALHO DIDÁTICO NA HISTÓRIA DA EDUCAÇÃO, VII., Campo

REFERÊNCIAS

Grande, 2007. Disponível em: <http://www.histedbr.fae.unicamp.br/acer_histedbr/jornada/jornada7/_GT2%20PDF/A%20Presen%E7a%20da%20Disciplina%20Escolar%20L%EDngua%20Francesa%20na%20Legisla%E7%E3o%20GT%202.pdf>. Acesso em: 5 maio 2014.

PARANHOS, Adalberto. A invenção do Brasil como terra do samba: os sambistas e sua afirmação social. História, São Paulo, v. 22, p. 84, 2003. Disponível em: <http://www.scielo.br/pdf/his/v22n1/v22n1a04.pdf>. Acesso em: jun. 2016.

PARAQUETT, Marcia. Multiculturalismo, interculturalismo e ensino-aprendizagem de espanhol para brasileiros. In: BARROS, Cristiano Silva de; COSTA, Elzimar Goettenauer de Marins (Org.). *Espanhol:* ensino médio. Brasília, DF: MEC, 2010. (Explorando o Ensino).

PERRENOUD, Philippe. *Avaliação:* da excelência à regulação das aprendizagens – entre duas lógicas. Tradução de Patrícia Chittoni Ramos. Porto Alegre: Artmed, 1999.

PERRONE-MOISÉS, Leyla. Consideração intempestiva sobre o ensino de literatura. In: _____. *Inútil poesia.* São Paulo: Companhia das Letras, 2000.

PETIT, Michèle. *Os jovens e a leitura:* uma nova perspectiva. Tradução de Celina Olga de Souza. São Paulo: Editora 34, 2008.

PIMENTA, Selma Garrido *et al.* A construção da didática no GT de didática: análise de seus referenciais. In: REUNIÃO ANUAL DA ANPED, 33., 2010, Caxambu. *Anais...* Caxambu, Anped, 2010. p. 1-20. v. 1.

_____. Epistemologia da prática ressignificando a didática. In: _____; FRANCO, Maria Amélia Santoro. (Orgs.). *Didática:* embates contemporâneos. São Paulo: Loyola, 2010.

_____; LIMA, Maria do Socorro Lucena. *Estágio e docência.* 7. ed. São Paulo: Cortez Editora, 2008.

_____. Professor reflexivo: construindo uma crítica. In: _____; GHEDIN, Evandro (Orgs.). *Professor reflexivo no Brasil:* gênese e crítica de um conceito. 6. ed. São Paulo: Cortez Editora, 2010.

POSSENTI, Sírio. *Porque (não) ensinar gramática na escola.* São Paulo: Mercado das Letras, 1996.

RABELO, Edmar Henrique. *Avaliação:* novos tempos, novas práticas. Petrópolis: Vozes, 2009.

RETAMOSO, Roberto. Historia literaria y pedagogía de la literatura. CUADERNO 1 DEL CENTRO DE ESTUDIOS SOBRE LA ENSEÑANZA DE LA LITERATURA. Rosario: URN, 1997.

RICHARDS, Jack C. *La enseñanza comunicativa de lenguas extranjeras.* São Paulo: SBS, 2007.

RODRIGUES, Fernanda dos Santos Castelano. As línguas estrangeiras na legislação educacional brasileira de 1942 a 2005. In: BARROS, Cristiano Silva de; COSTA,

Elzimar Goettenauer de Marins (Orgs.). *Se hace camino al andar:* reflexões em torno do ensino de espanhol na escola. Belo Horizonte: Faculdade de Letras da UFMG, 2012.

RODRIGUES, Fernanda dos Santos Castelano. *Língua viva, letra morta:* obrigatoriedade e ensino de espanhol no arquivo jurídico e legislativo brasileiro. 2010. 342f. Tese (Doutorado em Língua Espanhola e Literaturas Espanhola e Hispano-Americana) – Universidade de São Paulo, São Paulo, 2010.

RODRIGUES, Juan Pablo Martín. Formación de profesores de español en Brasil: una feliz encrucijada. *Eutomia*, Pernambuco, n. 10, p. 362-374, dez., 2012.

ROGERS, Rebecca; MOSLEY, Melissa. A critical discourse analysis of racial literacy in teacher education. *Linguistics and Education*, New York, v. 19, n. 2, p. 107-131, 2008.

_____. Racial literacy in a second grade classroom: critical race theory, whiteness studies, and literacy research. *Reading Research Quarterly*, New Jersey, v. 41, n. 4, p. 462-495, 2006.

ROSEMBERG, Fúlvia; BAZILLI, Chirley; SILVA, Paulo Vinícius Baptista da. Racismo nos livros didáticos brasileiros e seu combate: uma revisão da literatura. *Educação e Pesquisa*, São Paulo, v. 29, n.1, p. 125-146. 2003.

SÁNCHEZ, Aquilino. *La enseñanza de idiomas en los últimos cien años:* métodos y enfoques. Madrid: SGEL, 2009.

SKERRETT, Allison. English teachers' racial literacy knowledge and practice. *Race Ethnicity and Education*, Oxford, v. 14, n. 3, p. 313-330, 2011.

SOARES, Magda. *Letramento*: um tema em três gêneros. Belo Horizonte: Autêntica Editora, 1998.

TODOROV, Tzvetan. *A literatura em perigo*. Tradução de Caio Meira. Rio de Janeiro: Difel, 2014.

URQUIDI, Vivian; TEIXEIRA, Vanessa; LANA, Eliana. Questão indígena na América Latina: Direito Internacional, novo constitucionalismo e organização dos movimentos indígenas. *Cadernos Prolam/USP*, São Paulo, ano 8, v. 1, p. 199-222, 2008. Disponível em <http://www.usp.br/prolam/downloads/2008_1_8.pdf>. Acesso em: 2 abr. 2013.

VÁZQUEZ, Adolfo Sánchez. *Filosofia da práxis*. 2. ed. Rio de Janeiro: Paz e Terra, 1977.

Ligia Paula Couto é graduada em Letras Português/Espanhol pela Universidade de São Paulo, mestre em Educação (Psicologia da Educação) pela Pontifícia Universidade Católica de São Paulo (PUC-SP) e doutora em Educação pela Faculdade de Educação da USP (FEUSP) – (Didática, Teorias de Ensino e Práticas Escolares). Atuou na rede estadual de São Paulo como professora de Português e em escolas particulares e de idiomas como professora de Português, Espanhol e Inglês. É professora da Universidade Estadual de Ponta Grossa (UEPG), responsável pela disciplina de Estágio e Formação Docente de Língua Espanhola, coordenadora do subprojeto de Espanhol no Programa Institucional de Bolsa de Iniciação à Docência (Pibid) e do Núcleo Docente Estruturante dos Cursos de Letras. Possui livros didáticos publicados nas áreas de Espanhol, Português e Inglês. Suas pesquisas se voltam para a formação do professor universitário, a formação do professor de Espanhol, o ensino de línguas na perspectiva dos gêneros textuais e da interculturalidade.